民法・不動産登記法改正で変わる相続実務

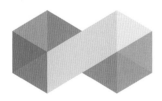財産の管理・分割・登記

日本大学教授・弁護士

松嶋 隆弘／編著
MATSUSHIMA Takahiro

ぎょうせい

はしがき

1 本年4月21日に「民法等の一部を改正する法律」（令和3年法律第24号）及び「相続等により取得した土地所有権の国庫への帰属に関する法律」（令和3年法律第25号）が成立し、同月28日に公布された。いわゆる「所有者不明土地」に関する民法等改正である（「改正法」）。「改正法」は、所有者不明土地の増加等の社会経済情勢の変化に鑑み、所有者不明土地の「発生の予防」と「利用の円滑化」の両面から、総合的に民事基本法制の見直しを行うものであり、①従前任意であった相続登記や住所等変更登記の申請を義務化しつつ、それらの手続の簡素化・合理化策をパッケージで盛り込むこと（不動産登記法の改正）、②相続等によって土地の所有権を取得した者が、法務大臣の承認を受けてその土地の所有権を国庫に帰属させること（相続等により取得した土地所有権の国庫への帰属に関する法律の制定）、③民法等を改正し、所有者不明土地の管理に特化した所有者不明土地管理制度を創設するなどの措置を講じること（民法の改正）の3つをその内容とする。①、②は、「発生の予防」の観点に、③は「利用の円滑化」の観点に、それぞれ立脚した改正であり、これらがセットになって「改正法」を構成している。施行期日は、原則として公布後2年以内の政令で定める日（相続登記の申請の義務化関係の改正については公布後3年、住所等変更登記の申請の義務化関係の改正については公布後5年以内の政令で定める日）とされており、今後、その詳細が明らかにされていくことだろう。

2 本書は、前記の「改正法」の速報的解説書である。筆者は、すでに相続法改正につき解説書を公刊したことがあり（松嶋隆弘編『法務と税務のプロのための 改正相続法徹底ガイド〔令和元年施行対応版〕』（ぎょうせい））、本書は、いわばその姉妹版といいうる。「改正法」は、法律実務家のみならず税実務家にとっても必要な知

識であり、おくれを取らないためにも速報的知識は必要である。本書は、かかるニーズに応えようとするものである。使い勝手を考慮して、本書の内容は、奇をてらわず、オーソドックスな改正法の速報的解説に徹してある。読者が、本書により「改正法」の全体像を理解され、それぞれの実務に役立てていただけることを、執筆者一同心より願っている。

令和3年6月

松嶋　隆弘

Contents

第1章　総　論

 民法・不動産登記法（所有者不明土地関係）の改正等に関する概要

第2章　民法の改正

1 遺産の管理と分割をめぐる争い　～遺産の管理と遺産分割に関する改正

第**3**章　不動産登記法の改正

 登記制度の改正

第4章　今後の課題

 ## 知的財産権の共有への影響

第5章　資　料

第 1 章

総　論

民法・不動産登記法（所有者不明土地関係）の改正等に関する概要

Ⅰ　は じ め に

　現在の所有者が分からない「所有者不明土地」の解消を目指す「民法・不動産登記法（所有者不明土地関係）の改正」が、令和3年4月21日の参議院本会議において全会一致により可決、成立した。これに基づき、民法、不動産登記法等関連法令の改正がなされることとなる。ここでは、改正法の概要について、鳥瞰的に概説する。

Ⅱ　相 隣 関 係

　改正法は、相隣関係に関し規制を整備している。ごく要点を述べると下記のとおりである。

　隣地使用権（民法209条）につき、立ち入ることができる場合を明確化し（改正民法209条1項）、立ち入りにあたっての、日時、場所及び方法につき、隣地使用者のために損害が最も少ないものを選ばなければならない旨規定した（改正民法209条2項）。

　また、竹木の枝の切除等に関する規律（民法233条）の明確化を図った（改正民法233条2項3項）。

　さらに、継続的給付を受けるための設備設置権及び設備使用権について、土地の所有者は、他の土地に設備を設置し、又は他人が所有する設備を使用しなければ電気、ガス又は水道水の供給その他これらに類する継続的給付を受けることができないときは、継続的給付を受けるため必要な範囲内で、他の土地に設備を設置し、又は他人が所有する設備を使用することができるとした上で、所用の規律を新設した

（改正民法213条の2）。

Ⅲ　共　有　等

①　はじめに

　現行民法は、共有者間の利害等を調整しながら、共有物の有効な利用・管理を実現するために、次の規律を設けている。

1	共有物の変更	共有物の変更をするには、共有者全員の同意を要する（民法第251条）。
2	保存行為	保存行為は、各共有者が単独ですることができる（民法第252条ただし書）。
3	管理に関する事項	変更及び保存行為を除く管理に関する事項は、各共有者の持分の価格に従い、その過半数で決する（民法第252条本文）。

　改正法は、これらにつき、規制の明確化、具体化を図ることにしている。

②　共有物の変更

　改正法は、その形状又は効用の著しい変更を伴うものを共有物の変更とした上（改正民法251条1項）、①各共有者は、他の共有者の同意を得なければ、共有物に変更を加えることができないが（改正民法251条1項）、②共有者が他の共有者を知ることができず、又はその所在を知ることができないときは、裁判所は、共有者の請求により、当該他の共有者以外の他の共有者の同意を得て共有物に変更を加えることができる旨の裁判をすることができることとした（改正民法251条2項）。所有者不明の場合において、共有物の変更ができない事態が生じることを避けるための規制である。

③　共有物の管理

　改正法は、共有物の管理につき、各共有者の持分の価格に従い、その過半数で決するという現行法の規制を維持した上、共有物を使用する共有者があるときも、同様とする（改正民法252条1項）。その上で、共有者が「他の共有者」を知ることができず、又はその所在を知ることができないとき等の所定の場合に、裁判所が、共有者の請求により、当該「他の共有者」以外の共有者の持分の価格に従い、その過半数で共有物の管理に関する事項を決することができる旨の裁判をすることができる旨規定する（改正民法252条2項）。

　そして「共有物の管理に関する事項」として、共有者は、共有物に、所定の規律に従い賃借権その他の使用及び収益を目的とする権利（賃借権等）を設定することができる（改正民法252条4項）。

④　保存行為

　保存行為については、現行法と同様であり、各共有者は、上記の規制に関わらず、保存行為をすることができる（改正民法252条5項）。

⑤　共有物を使用する共有者と他の共有者との関係等

　共有物を使用する共有者と他の共有者との関係について、改正法は、次のような規定を置く。第1に、共有物を使用する共有者は、別段の合意がある場合を除き、他の共有者に対し、自己の持分を超える使用の対価を償還する義務を負う（改正民法249条2項）。判例法上、特段の定めなく共有物を使用する共有者は、他の共有者に対して賃料相当額の不当利得返還義務又は損害賠償義務を負うとされており（最判平成12年4月7日集民198号1頁参照）、改正法は、かかる判例の存在を踏まえ、償還義務につき明文の規定を置くことにした。

　第2に、共有者は、善良な管理者の注意をもって、共有物の使用をしなければならない（改正民法249条3項）。共有物を使用している共

有者は、他の共有者の持分との関係では、他人の物を管理しているのであり、善良な管理者の注意をもって共有物を保存する必要があるためである。

⑥　共有物の管理者

(1)　共有物の管理者につき、現行法は規制を有していない。そこで、改正法は、共有物の管理者につき規定を新設することにした。共有者は、前記の「共有物の管理に関する事項」の一環として、共有物の管理者の選任・解任をすることができることとした。共有物の管理者は、共有物の管理に関する行為をすることができる。ただし、共有者の全員の同意を得なければ、共有物に変更を加えることができない（改正民法252条の2第1項）。

　　その上で改正法は、所有者不明の場合に、裁判所が、共有物の管理者の請求により、当該共有者以外の共有者の同意を得て共有物に変更を加えることができる旨の裁判をすることができるものとした（改正民法252条の2第2項）。

(2)　共有物の管理者は、共有者が共有物の管理に関する事項を決した場合には、これに従ってその職務を行わなければならず（改正民法252条の2第3項）、これに違反して行った共有物の管理者の行為は、共有者に対してその効力を生じない。ただし、共有者は、これをもって善意の第三者に対抗することができない（改正民法252条の2第4項）。

⑦　裁判手続の整備

　　改正法は、前記のとおり、変更・管理の決定の裁判の手続が新設されたことに伴い、新たに手続を整備している（改正民法258条）。

　　また、裁判による共有物分割の手続についての規律（民法258条）を改め、裁判所が命ずる共有物分割の方法のメニューを増やしている

（改正民法258条2項）。具体的には、共有物の現物を分割する方法だけでなく、共有者に債務を負担させて、他の共有者の持分の全部又は一部を取得させる方法もでき、裁判所が、共有物の分割の裁判において、当事者に対して、金銭の支払、物の引渡し、登記義務の履行その他の給付を命ずることができるようになる。

⑧　相続財産に属する共有物の分割の特則

　改正法は、相続財産に属する共有物分割につき、前記の共有物分割の特則を設けることとした。すなわち、共有物の全部又はその持分が相続財産に属する場合において、共同相続人間で当該共有物の全部又はその持分について遺産の分割をすべきときは、当該共有物又はその持分について共有物分割をすることができないとするとともに、相続開始の時から10年を経過したときは、共有物分割をすることを許容する（改正民法258条の2第2項）。

⑨　所在等不明共有者の持分の取得

　改正法は、所在等不明共有者の持分の取得につき、規定を新設した。すなわち、不動産が数人の共有に属する場合において、共有者が他の共有者を知ることができず、又はその所在を知ることができないときは、裁判所は、共有者の請求により、その共有者に、当該他の共有者（所在等不明共有者）の持分を取得させる旨の裁判をすることができ、共有者が所在等不明共有者の持分を取得したとき、所在等不明共有者は、当該共有者に対し、当該共有者が取得した持分の時価相当額の支払を請求することができる（改正民法262条の2第1項4項）。

　所在等不明共有者の持分が相続財産に属する場合（共同相続人間で遺産の分割をすべき場合に限る。）においては、共有物分割の訴えとパラレルに、相続開始の時から10年を経過していないときは、裁判所は、前記裁判をすることができないとされている（改正民法262条

の2第3項）。

　そして改正法は、上記の裁判についての手続を新設している。

⑩　所在等不明共有者の持分の譲渡

　改正法は、所在等不明共有者の持分の譲渡についても、規定を新設する（改正民法262条の3）。それは、おおむね所在等不明共有者の持分の取得と同一な内容である。すなわち、不動産が数人の共有に属する場合において、共有者が他の共有者を知ることができず、又はその所在を知ることができないときは、裁判所は、共有者の請求により、その共有者に、当該他の共有者（所在等不明共有者）以外の共有者の全員が特定の者に対してその有する持分の全部を譲渡することを停止条件として所在等不明共有者の持分を当該特定の者に譲渡する権限を付与する旨の裁判をすることができる（改正民法262条の3第1項）。この場合も、所在等不明共有者の持分が相続財産に属する場合（共同相続人間で遺産の分割をすべき場合に限る。）において、相続開始の時から10年を経過していないときは、裁判所は、前記裁判をすることができない（改正民法262条の3第2項）。そして改正法は、前記の裁判についての手続を新設している。

⑪　相続財産についての共有に関する規定の適用関係

　前記のとおり、改正法の下では、一定の場合に相続財産についての共有に関する規定が適用されることとなる（共有物の分割の訴え等）。その場合の適用関係について、改正法は、相続財産について共有に関する規定を適用するときは、民法第900条から第902条までの規定により算定した相続分をもって各相続人の共有持分とするものと定める（改正民法898条2項）。すなわち、複雑な計算を生じさせる具体的相続分（特別受益、寄与分）に関する規定の適用を排除する趣旨である。

Ⅳ　土地建物に関する各種の管理命令

①　はじめに

改正法は、新たに、所有者不明土地管理命令、所有者不明建物管理命令、管理不全土地管理命令、管理不全建物管理命令という制度を設け、併せて手続を整備することとしている。ここではその概要につき述べる。

②　所有者不明土地管理命令

裁判所は、所有者を知ることができず、又はその所在を知ることができない土地（土地が数人の共有に属する場合にあっては、共有者を知ることができず、又はその所在を知ることができない土地の共有持分）について、必要があると認めるときは、利害関係人の請求により、その請求に係る土地又は共有持分を対象として、所有者不明土地管理人による管理を命ずる処分（所有者不明土地管理命令）をすることができる（改正民法264条の2第1項）。所有者不明土地管理命令の効力は、当該所有者不明土地管理命令の対象とされた土地（共有持分を対象として所有者不明土地管理命令が発令された場合にあっては、共有物である土地）にある動産（当該所有者不明土地管理命令の対象とされた土地又は共有持分を有する者が所有するものに限る。）に及ぶ（改正民法264条の2第2項）。

裁判所は、所有者不明土地管理命令をする場合には、当該所有者不明土地管理命令において、所有者不明土地管理人を選任しなければならない（改正民法264条の2第4項）。その上で、改正法は、所有者不明土地管理人につき、権限、義務、辞任・解任、報酬につき規定を整備する（改正民法264条の3～264条の7）。

③　所有者不明建物管理命令

　裁判所は、所有者を知ることができず、又はその所在を知ることができない建物（建物が数人の共有に属する場合にあっては、共有者を知ることができず、又はその所在を知ることができない建物の共有持分）について、必要があると認めるときは、利害関係人の請求により、その請求に係る建物又は共有持分を対象として、所有者不明建物管理人による管理を命ずる処分（所有者不明建物管理命令）をすることができる（改正民法264条の8第1項）。規制の内容は、所有者不明土地管理命令とほぼパラレルである。なお、所有者不明建物管理命令に関する規律は、建物の区分所有等に関する法律における専有部分及び共用部分については適用されない（改正建物の区分所有に関する法律6条4項）。

④　管理不全土地管理命令

　裁判所は、所有者による土地の管理が不適当であることによって他人の権利又は法律上保護される利益が侵害され、又は侵害されるおそれがある場合において、必要があると認めるときは、利害関係人の請求により、当該土地を対象として、管理不全土地管理人による管理を命ずる処分（管理不全土地管理命令）をすることができる（改正民法264条の9第1項）。規制の内容は、所有者不明土地管理命令とほぼパラレルである。

⑤　管理不全建物管理命令

　裁判所は、所有者による建物の管理が不適当であることによって他人の権利又は法律上保護される利益が侵害され、又は侵害されるおそれがある場合において、必要があると認めるときは、利害関係人の請求により、当該建物を対象として、管理不全建物管理人による管理を命ずる処分（管理不全建物管理命令）をすることができる（改正民法

264条の14第1項）。規制の内容は、所有者不明土地管理命令とほぼパラレルである。

Ⅴ　相　続　等

①　相続財産等の管理

相続財産等の管理につき、改正法は、規制のブラッシュアップを図っている。以下、ごく簡単に要点を述べる。

(1)　相続財産の管理

相続財産管理人の選任手続につき、規律の若干の見直しがなされている。具体的には、相続人が一人である場合においてその相続人が相続の単純承認をしたとき、相続人が数人ある場合において遺産の全部の分割がされたとき又は相続財産の清算人が選任されているときには、相続財産管理人の選任をなしえないこととされた（改正民法897条の2）。

(2)　相続の放棄をした者による管理

現行法上、相続の放棄をした者は、その放棄によって相続人となった者が相続財産の管理を始めることができるまで、自己の財産におけるのと同一の注意をもって、その財産の管理を継続しなければならないとされているが（民法940条）、改正法は、相続の放棄をした者が、「その放棄の時に相続財産に属する財産を現に占有しているとき」は、「相続人又は相続財産の清算人に対して当該財産を引き渡すまでの間」、自己の財産におけるのと同一の注意をもって、その財産を保存しなければならないと規定し、規律の明確化を図った（改正民法940条）。

(3)　その他

その他、改正法は、不在者財産管理制度及び相続財産管理制度に

おける供託等及び取消しについても規制を整備している（改正家事事件手続法146条の2、147条）。

② 相続財産の清算

改正法は、相続財産の清算についても、規定の整備・見直しを図っている（改正民法936条、952条等）。やや細かいので紹介は省略する。

③ 遺産分割に関する見直し

(1) はじめに

現行法上、共同相続による遺産共有は、遺言による場合を別にして、遺産分割により解消されるものとされているところ（民法906条以下）、遺産分割についての期間につき、特段の規定はなく、このため、遺産分割がされず、遺産に属する土地が被相続人名義のまま長期間放置されることもまま生じている。そこで、改正法は、かかる事態の是正のため下記のような規律を設けることとした。

(2) 期間経過後の遺産の分割における相続分

改正法は、相続開始の時から10年を経過した後にする遺産の分割について、具体的相続分（特別受益、寄与分）に関する規定（民法903条から第904条の2）までの規定を原則として、適用しないものとした（改正民法904条の3）。ただし、次の①及び②のいずれかに該当するときは、この限りでない。

①	相続開始の時から10年を経過する前に、相続人が家庭裁判所に遺産の分割の請求をしたとき
②	相続開始の時から始まる10年の期間の満了前6箇月以内の間に、遺産の分割を請求することができないやむを得ない事由が相続人にあった場合において、その事由が消滅した時から6箇月を経過する前に、当該相続人が家庭裁判所に遺産の分割の請求をしたとき

⑶　遺産の分割の調停又は審判の申立ての取下げ

　前記とパラレルに、遺産の分割の調停の申立て及び遺産の分割の審判の申立ての取下げも、相続開始の時から10年を経過した後にあっては、相手方の同意を得なければ、その効力を生じないこととされる（改正家事事件手続法199条2項、273条2項）。

⑷　遺産の分割の禁止

　改正法は、遺産の分割の禁止の定め及び遺産の分割の禁止の審判についても、期間の制限を定めている。大要下記のとおりである。

・共同相続人は、5年以内の期間を定めて、遺産の全部又は一部について、その分割をしない旨の契約をすることができる。ただし、その期間の終期は、相続開始の時から10年を超えることができない（改正民法908条2項）。

・上記の契約は、5年以内の期間を定めて更新することができる。ただし、その期間の終期は、相続開始の時から10年を超えることができない（改正民法908条3項）。

・家庭裁判所は、5年以内の期間を定めて、遺産の全部又は一部について、その分割を禁ずることができる。ただし、その期間の終期は、相続開始の時から10年を超えることができない（改正民法908条4項）。

・家庭裁判所は、5年以内の期間を定めて上記期間を更新することができる。ただし、その期間の終期は、相続開始の時から10年を超えることができない（改正民法908条5項）。

Ⅵ 不動産登記法等の見直し

① 所有権の登記名義人に係る相続の発生を不動産登記に反映させるための仕組み

　改正法は、所有権の登記名義人に係る相続の発生を不動産登記に反映させるための仕組みとして、相続登記等の申請の義務付けをするとともに、登記手続の簡略化を図っている。

　不動産の所有権の登記名義人が死亡し、相続等による所有権の移転が生じた場合における公法上の登記申請義務につき、改正法は、当該相続により当該不動産の所有権を取得した者は、自己のために相続の開始があったことを知り、かつ、当該所有権を取得したことを知った日から3年以内に、所有権の移転の登記を申請しなければならないとした上で（遺贈（相続人に対する遺贈に限る。）により所有権を取得した者も、同様）、正当な理由がないのにその申請を怠ったときは、10万円以下の過料に処するものとしている（改正不動産登記法76条の2第1項、164条1項）。関連して、裁判所に対する過料事件の通知の手続等に関して法務省令等に所要の規定を設けるものとされている（改正不動産登記法76条の3）。

　さらに改正法は、死亡した所有権の登記名義人の相続人による申出を受けて登記官がする登記を創設することとした（改正不動産登記法76条の3）。

② 所有権の登記名義人の氏名又は名称及び住所の情報の更新を図るための仕組み

　改正法は、所有権の登記名義人の氏名又は名称及び住所の情報の更新を図るための仕組みとして、氏名又は名称及び住所の変更の登記の申請を義務付けるとともに登記所が氏名又は名称及び住所の変更情報を不動産登記に反映させるための仕組みを整備する（改正不動産登記

法76条の5、76条の6）。

③　その他

その他、改正法は、登記所が他の公的機関から所有権の登記名義人の死亡情報や氏名又は名称及び住所の変更情報を取得するための仕組み、登記義務者の所在が知れない場合等における登記手続の簡略化等につき、所要の規定を整備している。

Ⅶ　土地所有権の国庫への帰属の承認等に関する制度の創設

改正法は、相続等により取得した土地所有権の国庫への帰属に関する制度を創設することとした（相続等により取得した土地所有権の国庫への帰属に関する法律（国庫帰属法））。民法に所有権の放棄に関する規律は設けられていないが、この制度は、実質的にいって、所定の場合に、土地につき所有権の放棄を認める制度といってよい。以下、概要を説明する。

土地の所有者（相続又は遺贈（相続人に対する遺贈に限る。）によりその土地の所有権の全部又は一部を取得した者に限る。）は、法務大臣に対し、その土地の所有権を国庫に帰属させることについての承認を求めることができる（国庫帰属法2条）。

法務大臣は、承認申請に係る土地が次のいずれにも該当しないと認めるときは、その土地の所有権の国庫への帰属についての承認をしなければならない（国庫帰属法2条3項、5条1項）。承認は、土地の一筆ごとにすることとされている（国庫帰属法5条2項）。

①	建物の存する土地
②	担保権又は使用及び収益を目的とする権利が設定されている土地
③	通路その他の他人による使用が予定される土地として政令で定めるものが含まれる土地
④	土壌汚染対策法2条1項に規定する特定有害物質（法務省令で定める基準を超えるものに限る。）により汚染されている土地
⑤	境界が明らかでない土地その他の所有権の存否、帰属又は範囲について争いがある土地
⑥	崖（勾配、高さその他の事項について政令で定める基準に該当するものに限る。）がある土地のうち、その通常の管理に当たり過分の費用又は労力を要するもの
⑦	土地の通常の管理又は処分を阻害する工作物、車両又は樹木その他の有体物が地上に存する土地
⑧	除去しなければ土地の通常の管理又は処分をすることができない有体物が地下に存する土地
⑨	隣接する土地の所有者その他の者との争訟によらなければ通常の管理又は処分をすることができない土地として政令で定めるもの
⑩	①から⑨までに掲げる土地のほか、通常の管理又は処分をするに当たり過分の費用又は労力を要する土地として政令で定めるもの

［松嶋　隆弘］

第 2 章

民法の改正

1 遺産の管理と分割をめぐる争い ～遺産の管理と遺産分割に関する改正

Ⅰ 相続財産管理制度の見直し

（はじめに）

　改正民法は、相続財産の保存と清算を明確に区別し、旧法における「相続財産の管理人」（旧936条１項及び952条）の名称を「相続財産の清算人」に変更する（936条、952条から958条まで）とともに、新たに「相続財産の管理人」（897条の２第１項）を設けた。これは、旧法における相続財産管理人は、相続財産の清算を目的とするものであるため、手続が重く、コストもかかることから、これとは別に、過渡的な相続財産を適切に管理するために、相続財産の保存のための管理人を設けることとした[※1]。

① 統一的な相続財産管理制度の創設

(1) 相続財産の保存について

ア 相続財産の管理人の選任その他の相続財産の保存に必要な処分命令（897条の２第１項本文）

　改正法は、「家庭裁判所は、利害関係人又は検察官の請求によって、いつでも、相続財産の管理人の選任その他の相続財産の保存に必要な処分を命ずることができる」（897条の２第１項本文）との規定を設け、過渡的な状態にある、①相続人が数人ある場合における遺産分割前の相続財産、及び②相続人のあることが明らかでない場合における相続財産につき、相続財産を適切に管理する仕組みを創

[※1] 部会資料34、8頁。

設した。

旧法では、上記①の相続人が数人ある場合における遺産分割前の相続財産は、暫定的な遺産共有状態にあるところ、共同相続人が相続財産の管理について関心がなく、相続財産の管理をしないときなどは、相続財産の保存に必要な処分を命ずる相続財産管理制度がなかったため、相続財産の管理不全化に対応することができないという難点があると指摘されてきた。また、旧法では、前記②の相続人のあることが明らかでない場合における相続財産（法定相続人の全員が相続の放棄をしたときを含む）については、相続財産管理制度（旧951条以下）が設けられていたが、これは、相続財産の清算を目的とするものであるため、手続が重く、コストもかかることから、相続財産を適切に管理しようとしても、この制度を利用することができない場合があるとの指摘がされてきた。

そのため、改正法は、相続財産に属する財産が遺産分割前の暫定的な遺産共有状態にある場合や、相続人のあることが明らかでない場合において相続財産管理人（旧952条）が選任されていないときにおける過渡的な相続財産を適切に管理するために、これらの場合における相続財産の保存のための相続財産の管理を可能とする制度を創設した[2]。

イ　相続財産の管理人の選任その他の相続財産の保存に必要な処分命令が出せない場合（897条の2第1項ただし書き）

アの原則に対し、改正法は、家庭裁判所が相続財産の保存に必要な処分を命ずることができない場合として、①相続人が1人である場合においてその相続人が相続の単純承認をしたとき、②相続人が数人ある場合において遺産の全部の分割がされたとき、又は③952条1項の規定により相続財産の清算人が選任されているときを挙げ

---

[2]　部会資料34、8頁。

ている（897条の2第1項ただし書き）。

　⑺　相続人が1人である場合においてその相続人が相続の単純承認をしたとき、及び、相続人が数人ある場合において遺産の全部の分割がされたときは、いずれも、相続財産に属する財産が浮動的・暫定的な状態にあるわけではなく、その財産の帰属は確定していることから、その所有者においてその財産を本来自由に管理することができるはずであり、そのような場合にまで第三者が所有者の判断に介入することを一般的に正当化することは困難であると考えられることから、これらの場合には、本文に基づく、相続財産の保存に必要な処分を命ずることはできないとされた[※3]。

　⑻　また、民法952条1項の規定により相続財産の清算人が選任されているときは、この相続財産清算人の権限は、相続財産管理人の権限を包摂する関係にあるから、別途、本文に基づく相続財産管理人を選任する必要性に乏しいことから、相続財産管理人の選任請求をすることはできないとされた[※4]。

ウ　相続財産管理人の権限（897条の2第2項）

　改正法は、家庭裁判所が相続財産の管理人を選任した場合には、不在者財産管理人に関する民法27条から29条までの規定を準用することとしている（897条の2第2項）。したがって、相続財産の保存のための相続財産管理人は、保存行為、利用・改良行為及び裁判所の許可を得ての処分行為をする権限を有することになる。

　なお、改正法によって新設される所有者不明土地管理人との関係については、所有者不明土地管理人が選任されているときは、その土地の管理処分権は所有者不明土地管理人に専属することとされているので、相続財産管理人がその土地について管理処分権を有することはないとされている[※5]。

[※3]　部会資料34、12頁。
[※4]　部会資料34、12頁。
[※5]　部会資料51、18頁。

②　相続の放棄をした者による管理について

(1)　相続の放棄をした者のいわゆる管理継続義務の見直し（940条1項）

ア　保存義務の発生要件

　改正法は、「相続の放棄をした者は、その放棄の時に相続財産に属する財産を現に占有しているときは、相続人又は第952条第1項の相続財産の清算人に対して当該財産を引き渡すまでの間、自己の財産におけるのと同一の注意をもって、その財産を保存しなければならない」（940条1項）という規定を設けた。

　旧法では、相続の放棄をした者は、その放棄によって相続人となった者が相続財産の管理を始めることができるまで、自己の財産におけるのと同一の注意をもって、その財産の管理を継続しなければならない（旧940条1項）とされていた。

　しかし、これに対しては、相続放棄者が、管理に一切関与していない相続財産に属する財産についてまで保存義務を負うとすることは、相続による不利益を回避するという相続放棄制度の趣旨にそぐわないとの指摘がなされていた。他方、相続財産に属する財産を現に占有する者が相続の放棄をする場合には、当該財産を占有していた事実があるため、当該財産を引き継ぐまでは一定程度の保存義務を負担することはやむを得ないとの指摘もあった。

　そこで、改正法は、相続の放棄をした者が、その放棄の時に相続財産に属する財産を現に占有していることを保存義務の発生要件として設けることとした[6]。

　なお、相続人のあることが明らかでないことにより相続財産法人が成立している場合には、相続財産の清算人（952条1項）に財産を引き渡すことも明文化された[7]。

※6　部会資料29．2頁。
※7　部会資料51、18頁。

イ 旧規定の一部削除（旧918条2項及び3項の削除）

旧940条2項は、①645条（受任者による報告）、②646条（受任者による受取物の引渡し等）、③650条1項及び2項（受任者による費用等の償還請求等）並びに④918条2項及び3項（相続財産の管理）の各規定を準用していた。

以上のうち、委任の規定を準用する趣旨は、相続放棄をした者は、相続人に帰属する財産を相続人に引き渡すべきであるし、また、相続放棄者に経済的負担をさせるべきではないことなどにあり、これらの趣旨は維持されるべきである。他方、相続財産の保存に必要な処分についての諸制度を一つのものにするという改正法の趣旨からすれば、相続の放棄がされた場合に限って規定されている918条2項及び3項（相続財産の管理）の規定の準用は必要がなくなる。そこで、918条2項及び3項の準用は、削除されることとなった[8]。

Ⅱ 相続財産の清算について

① 相続財産の清算人への名称の変更（936条1項・952条1項）

改正法は、936条1項及び952条1項の規定により選任される「相続財産の管理人」の名称を「相続財産の清算人」に改めた（936条、952条から958条まで）。すなわち、相続人が数人ある場合には、家庭裁判所は、相続人の中から、相続財産の清算人を選任しなければならないし（936条1項）、相続人のあることが明らかでないときには、家庭裁判所は、利害関係人又は検察官の請求によって、相続財産の清算人を選任しなければならない（952条1項）。

※8　部会資料45、6頁。

　「相続財産管理制度の見直し」の箇所で説明したとおり、改正法は、相続財産の保存と清算を明確に区別し、旧法における「相続財産の管理人」（旧936条1項及び952条2項）の名称を「相続財産の清算人」と変更する（936条、952条から958条まで）とともに、新たに「相続財産の管理人」（新897条の2第1項）を設けることにした。「保存」と「清算」という異なる目的を有するものを同一の名称で呼ぶことは相当でないと考えたためである[9]。

　また、相続人が数人ある場合の限定承認に関する第936条第1項に基づき選任される相続財産管理人も、相続財産の清算を行うことをその職務とするものであるから、同項に基づいて選任される「相続財産の管理人」の名称も「相続財産の清算人」に改められた[10]。

②　952条以下の清算手続の合理化

(1)　相続人のあることが明らかでない場合における相続財産の清算

改正法は、

> ①　952条1項の規定により相続財産の清算人を選任したときは、家庭裁判所は、遅滞なく、その旨及び相続人があるならば一定の期間内にその権利を主張すべき旨を公告しなければならない。この場合において、その期間は、6箇月を下ることができない（952条2項）。

との規定を設け、

> ②　952条2項の公告があったときは、相続財産の清算人は、全ての相続債権者及び受遺者に対し、2箇月以上の期間を定めて、その期間内にその請求の申出をすべき旨を公告しなければならない。この場合において、その期間は、同項［952条2項］の規定により相続人が権利を主張すべ

※9　部会資料51、19頁。
※10　部会資料51、19頁。

> き期間として家庭裁判所が公告した期間内に満了するものでなければなら
> ない（957条1項）。

とした。

ア　旧法においては、選任公告、請求申出及び相続人の捜索の公告
　の期間をあわせると全体の公告期間としては10箇月を要するこ
　ととされていた。この全体の公告期間は、昭和37年の民法改正
　で相続人捜索の公告期間を短縮して以来維持されてきたものであ
　るが、その後の通信、交通手段の更なる発達を踏まえると、現在
　においては長きに失しており、全体の公告期間を短縮する必要が
　あるとの指摘がなされた。

　　そこで、改正法は、手続全体（選任公告及び請求公告を含めた
　もの）の公告期間を6箇月とすることに改めた。この期間内に相
　続人としての権利を主張する者がないときは、民法958条の2の規
　定により、相続人並びに相続財産の清算人に知れなかった相続債
　権者及び受遺者は、その権利を行使することができなくなる[11]。

イ　なお、957条1項の公告期間は、相続債権者らに対する請求申
　出の公告であり、これについては変更なく、2箇月としている。
　パブリック・コメントにおいては、相続債権者等への手続保障の
　観点から、これを4箇月とすべきとの意見もあったが、管理人に
　よる相続財産や相続債権者等の調査の期間を2箇月設けることと
　併せ考慮すると、相続債権者らに対する請求申出の公告期間を2
　箇月としても、相続債権者等への手続保障を図ることが可能であ
　ると考えられたため、変更されなかった[12]。

※ 11　部会資料 34、22 頁。
※ 12　部会資料 34、22 頁。

Ⅲ 遺産分割に関する見直し

① 相続財産についての共有に関する規定の適用関係

改正法は、相続財産についての共有に関する規定の適用関係について、「相続財産について共有に関する規定を適用するときは、第900条から第902条までの規定〔法定相続分・代襲相続人の相続分・遺言による相続分の指定〕により算定した相続分をもって各相続人の共有持分とする」（898条2項）との規定を新設した。

判例（最判昭和30・5・31民集9巻6号793頁など）によれば、基本的に、遺産共有にも、民法249条以下の規定が適用されるところ、旧法では、「相続人が数人あるときは、相続財産は、その共有に属する。」（旧898条）との規定だけを置いていた。この規定についての一般的な理解は、各共同相続人の具体的相続分の割合がどのようなものであるとしても、共同相続人は、法定相続分（又は指定相続分）の割合に応じて、遺産に属する個々の財産に共有持分権を有していること、したがって、遺産共有において持分の過半数で決する際には、法定相続分（又は指定相続分）を基準とすること、という理解であった。

この従前の理解を踏まえ、改正法は、相続財産について共有に関する規定を適用するときは、民法900条から902条までの規定（法定相続分・代襲相続人の相続分・遺言による相続分の指定）により算定した相続分をもって各相続人の共有持分とするとの規定を設けた（898条2項）[13]。

② 期間経過後の遺産の分割における相続分

(1) 一定の期間経過による特別受益又は寄与分の主張制限

改正法は、遺産分割の合意又は遺産分割の申立てがないまま、相

---

[13] 部会資料51、17頁。

続開始時から10年が経過したときは、特別受益又は寄与分の主張をすることができないとする規定を設けた（904条の３本文）。これにより、10年という期間経過後には具体的相続分による分割を求める利益は失われることが明らかにされた。

　現行法及び判例の立場によると、相続が開始し、相続人が複数ある場合、遺産分割前においては、各相続人は、相続財産に属する特定の財産それぞれについて、法定相続分（又は指定相続分）に相当する持分（共有持分）を有することになる（最判昭和50・11・7民集29巻10号1525頁）。他方、相続開始後に行われる遺産分割では、特別受益や寄与分などを踏まえて算定される具体的相続分に沿って手続が行われる。具体的相続分によれば法定相続分によるよりも多くの財産を取得することができると考える相続人は、他の相続人が得た贈与が特別受益に該当すると主張したり、自己に寄与分があると主張したりして、自己の取得すべき財産を主張することになる。これに対し、このような主張を争う他の相続人は、その主張に対して反証するほか、そのような主張をする相続人が得た贈与が特別受益に該当すると主張したり、自己に寄与分があると主張したりすることになる。

　ところが、旧法では、遺産分割の合意や遺産分割手続の申立てをすることにつき、期間の制限がないため、相続開始から長期間が経過しても、相続人は、遺産分割の申立てをして、その中で特別受益や寄与分の主張をすることが可能であった。

　しかし、相続開始から長期間が経過すると、証拠が散逸するなどして、他の相続人が反証等をすることが困難な場合がある。また、相続人は、相続開始から長期間が経過したときは、他の相続人から具体的相続分の主張がされるとは想定し難いため、遺産分割が行われるときには、法定相続分に従った分割がされることに一定の期待を有しているとも考えられる。このような観点からすれば、相続開

始から長期間が経過した場合にも、具体的相続分に沿って遺産分割をすることは、相続人を不当に害するおそれがある。

　他方で、具体的相続分によれば法定相続分によるよりも多くの財産を取得できると考える相続人に対して、自己の利益を確保するために一定の期間内に必要な手続をとることを要求することは、他の法制度と比較しても、不合理ではないと解される。例えば、平成30年の民法改正により、相続人以外の親族で被相続人の療養看護等をしたものが相続人に対する金銭の支払を請求することを認める特別の寄与の制度が設けられた（1050条）が、この制度では、特別寄与者は、相続の開始及び相続人を知った時から6箇月を経過したとき、又は相続開始の時から1年を経過したときは、家庭裁判所に処分を請求することができないとされている（同条2項）。また、遺留分侵害額の請求権（遺留分の額は、特別受益に該当し得る贈与の額等を踏まえて算定される。）は、遺留分権利者が、相続の開始及び遺留分を侵害する贈与若しくは遺贈があったことを知った時から1年間行使しないとき、又は相続開始の時から10年を経過したときは、消滅するとされている（1048条）。

　そこで、改正法は、遺産分割の合意又は遺産分割の申立てがないまま、相続開始時から10年が経過したときは、特別受益又は寄与分の主張をすることができないとする規定を設け、10年経過後は具体的相続分による分割を求める利益は失われることを明らかにした（904条の3本文）[14]。

(2)　期間制限の例外

ただし、次の①又は②のいずれかに該当するときは、10年間の経過による特別受益又は寄与分の主張制限は適用されない（904条の3ただし書き）。

※14　部会資料13、2頁。

> ①　相続開始の時から10年を経過する前に、相続人が家庭裁判所に遺産の
> 分割の請求をしたとき（904条の3ただし書き、1号）。

　これは、改正法の趣旨からすれば当然の事理を確認のために置いた
規定と解される。

> ②　相続開始の時から始まる10年の期間の満了前6箇月以内の間に、遺産
> の分割を請求することができないやむを得ない事由が相続人にあった場合にお
> いて、その事由が消滅した時から6箇月を経過する前に、当該相続人が家庭
> 裁判所に遺産の分割の請求をしたとき（904条の3ただし書き、2号）。

　これは、期間経過前に遺産分割の申立てをすることができなかった
ことについてやむを得ない事由がある場合には、具体的相続分による
分割を求めることができるとの趣旨である。一定の事由により、期間
経過による権利等の消滅を猶予する制度として、時効の完成猶予制度
（158条以下参照）があるが、この制度を参考に、期間経過前6箇月以
内に遺産分割の申立てをすることができなかったことについてやむを
得ない事由があった相続人がある場合に、そのやむを得ない事由が消
滅した時から6箇月を経過する前にその相続人が遺産分割の申立てを
したときは、前記の期間制限規定を適用しないこととして、申立ての
準備期間として少なくとも6箇月間確保することにしたのである※15。

③　遺産の分割の禁止

（1）　遺産分割禁止特約と遺産分割禁止の終期（908条2項）

　　ア　旧法における解釈では、共同相続人は一定の期間を定めて遺
　　産分割禁止特約をすることができると解されており、そして、その
　　期間は5年を超えることができないと解されてきた（256条1項の

※15　部会資料42、7頁。

適用による）。改正法は、これを明文化し、共同相続人は、5年以内の期間を定めて、遺産分割禁止特約をすることができるものとした（908条2項本文）[16]。

　イ　次に、遺産分割禁止特約がされる時期は定まっていないため、遺産分割禁止特約に期間を定めただけでは、遺産分割禁止の終期は定まらないことになる。そこで、改正法は、①旧法下において、遺言による遺産分割禁止（907条1項）は、解釈上、合意による更新があっても相続開始時から最長で10年と解されていること、②前記のとおり、具体的相続分の主張に10年間の期間制限を設けることを踏まえ、遺産分割禁止期間の終期は、相続開始の時から10年を超えることができないとした（908条2項ただし書き）[17]。

(2)　遺産分割禁止特約の更新（908条3項）

　改正法は、遺産分割禁止特約については更新をすることができるが、一度の更新で延長できるのは5年が限度であるとする旧法における解釈（256条2項の適用による）を明文化し、5年以内の期間を定めて遺産分割禁止特約を更新することができることとした（908条3項本文）。また、更新についても、その終期は最長で相続開始の時から10年を超えることができないと定めた（908条3項ただし書き）[18]。

(3)　審判による禁止期間の明記（908条4項）

　旧法907条3項には明文規定がなかったが、審判による期間は5年を超えることができないと解されていること（908条の類推適用による）を踏まえ、改正法は、家庭裁判所が遺産分割禁止の審判をする際には5年以内の期間を定めなければならないものとした（908条4項本文）。

※ 16　部会資料31、29頁。
※ 17　部会資料31、29頁。
※ 18　部会資料31、29頁。

　また、遺産分割禁止の審判が出される時期は法律上定まっていないため、遺産分割禁止審判に期間を定めただけでは、遺産分割禁止の終期は定まらないことになる。遺言による遺産分割禁止の終期は、旧法下の解釈上、合意による更新があっても相続開始時から最長で10年に限られると解されてきたことや、前記のとおり具体的相続分の主張に10年間の期間制限を設けること等を踏まえ、遺産分割禁止の終期は、相続開始の時から10年を超えることができないとした（908条4項ただし書き）[19]。

(4)　審判による遺産分割禁止の終期（908条5項）

　遺産分割禁止の審判については、更新審判をすることができると解されてきたが、改正法は、更新についても5年以内の期間を定めなければならないものとした（908条5項本文）。

　また、更新についても、その期間の終期は、相続開始の時から10年を超えることができないと定めた（908条5項ただし書き）[20]。

[續　孝史]

※19　部会資料31、28頁。
※20　部会資料31、28頁から29頁。

<table>
<tr><td>2</td><td>

共有財産の管理と分割をめぐる争い (1)
〜共有物の管理と分割に関する改正

</td></tr>
</table>

Ⅰ　改正の概要

①　共有物の管理

　現行民法は、共有物の管理について、「変更」に共有者全員の同意を要する旨の251条、「保存行為」を各共有者が単独ですることができる旨の252条ただし書、これら以外の「管理に関する事項」を各共有者の持分価格の過半数で決する旨の252条本文を規定している。

　しかし、「変更」と「管理」の対象となる事項の区別が明確でないため、実務上、共有者全員の同意を取らざるを得ない場合がみられ、また、共有者の存在や所在が不明の場合、共有者間で同意を取得することができないという問題点もある。

　そこで、本改正においては、現行法251条及び252条の規律を基本的には維持しつつ、同意取得の方法が具体化され、所在等不明共有者がいる場合の共有物の管理・処分に関する規律等が新設されることとなった。

②　共有物の分割

　現行民法258条は、共有者間において協議が調わない場合に裁判所に分割を請求することができる旨を規定するとともに、分割方法については、現物分割を原則とし、競売分割を補充的な分割方法と位置付けている。

　しかし、判例法理により認められてきた価格賠償による分割も実施されるなど、分割方法は多様化している。

　そこで、本改正においては、価格賠償による分割も含めて分割方法

が明文化された。また、共有物が相続財産である場合の共有物分割の規律についても定められることとなった。

Ⅱ　改正法の解説

①　共有物を使用する共有者と他の共有者との関係等

(1)　改　正　法

（共有物の使用）

249条（1項省略〔改正なし〕）

2　共有物を使用する共有者は、別段の合意がある場合を除き、他の共有者に対し、自己の持分を超える使用の対価を償還する義務を負う。

3　共有者は、善良な管理者の注意をもって、共有物の使用をしなければならない。

---

(2)　解　　説

ア　持分を超える使用についての対価支払義務

本条2項は、共有者のうち、共有物を使用する者と使用しない者がいる場合において、共有物を使用する者が使用しない者に対し、自己の持分を超える使用の対価を支払う義務に関する規定を新設するものである。

共有者間において、無償とするなどの別段の合意がある場合には、その合意に従うこととなる。また、一部の共有者間において別段の合意がある場合には、合意をしていない他の共有者については、本条2項の原則が適用されることになると考えられる[21]。

※21　部会資料27、13頁。

イ 善管注意義務

本条3項は、共有者の善管注意義務に関する規定を新設するものである。

共有者間の損害賠償の問題については、善管注意義務違反の債務不履行に基づく損害賠償請求や、共有持分権侵害の不法行為に基づく損害賠償請求によって解決されることとなる[22]。

② 共有物の変更行為

(1) 改 正 法

（共有物の変更）

251条 各共有者は、他の共有者の同意を得なければ、共有物に変更（その形状又は効用の著しい変更を伴わないものを除く。次項において同じ。）を加えることができない。

2 共有者が他の共有者を知ることができず、又はその所在を知ることができないときは、裁判所は、共有者の請求により、当該他の共有者以外の他の共有者の同意を得て共有物に変更を加えることができる旨の裁判をすることができる。

(2) 解 説

ア 共有物の変更行為

本条1項は、「各共有者は、他の共有者の同意を得なければ、共有物に変更を加えることができない。」と規定する現行法251条における「変更」に括弧書きを加え、「変更（その形状又は効用の著しい変更を伴わないものを除く。次項において同じ。）」と改正するものである。

変更行為に該当するものであっても、その形状又は効用の著し

※ 22 部会資料40、7頁。

い変更を伴わない行為については、後記改正法252条1項の規律に基づき、持分の価格の過半数により決定することができる[23]。

イ　裁判所の関与による共有物の変更行為

　本条2項は、本条1項の規律のみでは、共有者が他の共有者を知ることができない場合等に不都合が生じることから、共有者の請求により、裁判所が共有物に変更を加えることができる旨の裁判をなし得るという規定を新設するものである。

　「共有物に変更を加えることができる旨の裁判」の対象となる行為には、後記⑧及び⑨との対比からも明らかなとおり、共有者が持分それ自体を失うこととなる行為（持分の譲渡のほか、抵当権の設定など）は含まれない[24]。この規律は、遺産共有にも適用されることを前提している（後記⑩参照）。

　この場合の裁判手続については、後記⑤のとおり、非訟事件手続法が定める。

③　共有物の管理

(1)　改　正　法

（共有物の管理）

252条　共有物の管理に関する事項（次条第1項に規定する共有物の管理者の選任及び解任を含み、共有物に前条第1項に規定する変更を加えるものを除く。次項において同じ。）は、各共有者の持分の価格に従い、その過半数で決する。共有物を使用する共有者があるときも、同様とする。

※23　中間試案に対するパブリック・コメントを経た後の改正案では、括弧書きは、「共有物の改良を目的とし、かつ、著しく多額の費用を要しないものを除く。」とされていた（部会資料40、1頁）が、部会における議論の結果、目的や費用の多寡を問わず、客観的に共有者に与える影響が軽微であると考えられる場合には、持分の価格の過半数により決定することができるとすべきという意見を踏まえ、改正法では本条1項のとおり定められた。

※24　部会資料51、9頁。

2 裁判所は、次に掲げるときは、当該各号に規定する他の共有者以外の共有者の請求により、当該他の共有者以外の共有者の持分の価格に従い、その過半数で共有物の管理に関する事項を決することができる旨の裁判をすることができる。

① 共有者が他の共有者を知ることができず、又はその所在を知ることができないとき。

② 共有者が他の共有者に対し相当の期間を定めて共有物の管理に関する事項を決することについて賛否を明らかにすべき旨を催告した場合において、当該他の共有者がその期間内に賛否を明らかにしないとき。

3 前2項の規定による決定が、共有者間の決定に基づいて共有物を使用する共有者に特別の影響を及ぼすべきときは、その承諾を得なければならない。

4 共有者は、前3項の規定により、共有物に、次の各号に掲げる賃借権その他の使用及び収益を目的とする権利（以下この項において「賃借権等」という。）であって、当該各号に定める期間を超えないものを設定することができる。

① 樹木の栽植又は伐採を目的とする山林の賃借権等10年

② 前号に掲げる賃借権等以外の土地の賃借権等5年

③ 建物の賃借権等3年

④ 動産の賃借権等6箇月

5 各共有者は、前各項の規定にかかわらず、保存行為をすることができる。

(2) 解　説

ア　現行法252条の改正

改正法は、共有物の管理について、各共有者の持分価格の過半数で決するという現行法252条の規律を基本的には維持しつつ、

所在不明の共有者がいる場合等においても、裁判所の関与により共有物の管理に関する事項を決することができる旨の規定等を新設し、また、「決する」方法等についても改正をするものである。

イ　管理行為に関する原則

本条1項の第1文は、括弧書を除き、現行法252条本文を継承する規定である。

本条1項における重要な改正事項は、「共有物を使用する共有者があるときも、同様とする。」という第2文が設けられたことである。このような規定を設けると、共有物を使用（占有）する共有者が少数持分権者である場合に、その者の生活を脅かす危険性があるのではないか、という疑念が生じる[25]。しかし、少数持分権者が他の共有者に無断で共有物の使用を開始した場合、そのような「早い者勝ち」を許すことは相当でない。そのため、無断使用のケースでは、この規定が適用されるべきである[26]。

少数持分権者に酷となるようなケースは、通常、共有者全員の間で当該共有物をその少数持分権者に使用させることについて明示又は黙示の合意がある場合と考えられる。この場合、本条3項における「特別の影響を及ぼすべきとき」[27]に当たるとして、その少数持分権者の保護を図ることが可能となる。

----

[25]　中間試案に対するパブリック・コメントでは、こうした理由により、本条1項の第2文の規定を設けることに反対する意見もあった。

[26]　本文で言及する最判昭和41年5月19日民集20巻5号947頁が、直接的には、特段の定めのないまま共有者の一部が共有物を使用している場合に、共有物の管理に関する事項を持分価格の過半数で定めることの可否については判断していないとの見解によれば、本条1項の第2文は、この判例と矛盾していないこととなる。これに対し、同判例は、特段の定めなく共有物を使用する者がいる場合には、その者の同意を得ることなく、共有物の使用者を定めることはできないことも含意しているとする見解もある（例えば『新版注釈民法(7)物権(2)』（有斐閣、2007）448頁〔川井健〕）。この見解によれば、前掲[26]のとおり、本条1項の第2文の創設に対し消極的な立場となる可能性があるが、いずれにせよ、本条3項によって、少数持分権者の保護を図ることは可能である。

[27]　例えば、A、B及びCが各3分の1の持分で建物を共有している場合に、当該建物を店舗営業のために使用する目的でAに使用させることを定めた上で、Aが当該建物を使用することで生計を立てているときに、B及びCの賛成によって、当該建物の使用目的を住居専用と変更するケース。

　なお、判例（最判昭和41年5月19日民集20巻5号947頁）は、共有物の持分の価格が過半数を超える者であっても、共有物を単独で占有する他の共有者に対し、当然には、その占有する共有物の明渡しを請求することができず、共有物の明渡しを求めることができるためには、その明渡しを求める理由を主張し立証しなければならないとしている。本条1項の規律の下では、これに従って共有者の持分価格の過半数で共有物を独占的に使用する者を定めた場合、前記判例にいう明渡しを求める理由があることになると考えられる[28]。

　共有物の使用方法の意思決定の手続については、法解釈上、共有者全員の協議又は意思表明の機会を要するか否かが問題とされてきた。これを直接判断した判例は見当たらず、今回の改正によっても、本条3項（共有者間の決定に基づいて共有物を使用する共有者が既に存在する場合の保護規定）を除き、明文規定は設けられなかったが、上記最判昭和41年5月19日や、「共同相続に基づく共有者は、他の共有者との協議を経ないで当然に共有物を単独で占有する権原を有するものではない」ことを指摘する最判昭和63年5月20日集民154号71頁は、協議を要することを前提としているものと考えられる。

ウ　裁判所の関与による共有物の管理行為

　本条2項は、共有物の管理に関する事項について、共有者が催告をしても賛否を明らかにしない者がいる場合等において、裁判所の決定により、持分価格の過半数で決することができる旨を定めるものである。この場合の裁判手続については、後記⑤のとおり、非訟事件手続法が定める。

エ　賃借権等の設定

　本条4項は、共有物に賃借権等を設定する場合の規律を定める

---

[28]　部会資料27、5頁。

ものである。

　特に、借地借家法が適用される建物賃貸借については、正当事由がない限り、賃貸人による更新拒絶等が認められないことから（借地借家法28条）、共有建物を賃貸する場合、前記②の共有物の変更行為に当たるものとして共有者全員の合意が必要と考えられる[29]。しかし、契約の更新がない定期建物賃貸借（同法38条1項）、取壊し予定の建物の賃貸借（同法39条1項）、及び一時使用目的の建物の賃貸借（同法40条）については、契約の更新に伴って事実上長期間にわたって継続するおそれがなく、共有者に与える影響が大きくないため、本条4項3号に基づき、3年以内の賃貸借であれば、共有持分の価格の過半数の決定により設定することができる。

　その他、借地借家法の適用がなく、短期賃貸借に当たるもの（民法602条所定の期間を超えないもの）については、本条4項の規律に従い、共有持分の価格の過半数の決定により設定することができる。

オ　保存行為

　本条5項は、現行法252条ただし書と同様に、各共有者が保存行為をすることができる旨を定める。

④　共有物の管理者

(1)　改　正　法

（共有物の管理者）

　252条の2　共有物の管理者は、共有物の管理に関する行為をすることができる。ただし、共有者の全員の同意を得なけれ

---

[29]　東京地判平成14年11月25日判時1816号82頁、石田穣『民法体系(2) 物権法』（信山社、2008）382頁。共有者の持分価格の過半数をもって借地借家法の適用のある建物賃貸借をした場合には、その契約は基本的には無効になる（部会資料40、4頁）。

ば、共有物に変更（その形状又は効用の著しい変更を伴わないものを除く。次項において同じ。）を加えることができない。

2　共有物の管理者が共有者を知ることができず、又はその所在を知ることができないときは、裁判所は、共有物の管理者の請求により、当該共有者以外の共有者の同意を得て共有物に変更を加えることができる旨の裁判をすることができる。

3　共有物の管理者は、共有者が共有物の管理に関する事項を決した場合には、これに従ってその職務を行わなければならない。

4　前項の規定に違反して行った共有物の管理者の行為は、共有者に対してその効力を生じない。ただし、共有者は、これをもって善意の第三者に対抗することができない。

(2)　解　　説

ア　共有物の管理者の選任及び解任

　　管理者の選任及び解任については、持分の価格の過半数によってこれを行うことができる（前記③の改正法252条1項括弧書）。

イ　委任契約等との関係

　　第三者を管理者に選任した場合、管理者と共有者との間の委任関係がどうなるのか、また、共有者の1人を管理者に選任した場合、管理者と他の共有者との関係はどうなるのかについては、管理者との間の実際の契約内容等によって定まることになると考えられるため、特段の規律は設けられないこととなった[30]。

ウ　管理者の権限

　　管理者がすることができる管理行為（本条1項）には、事実行為だけでなく法律行為も含まれる。管理者が法律行為をする場

※30　部会資料51、10頁。
※31　部会資料41、13頁。

合、自己の名ですることができると解される[31]。

　所在等不明共有者がいる場合、管理者は、裁判所の関与により、他の共有者の同意を得て共有物に変更を加えることが可能である（本条2項）。この場合の裁判手続については、後記⑤のとおり、非訟事件手続法が定める。

　管理者は、共有者が管理に関する事項を決した場合には、これに従わなければならない（本条3項）。管理者がこれに違反した場合、共有者に対しては効力を生じないが、取引の安全を図るため、共有者は、善意の第三者には対抗することができないこととされている（本条4項）。

⑤　変更・管理の決定の裁判の手続

(1)　管轄裁判所

非訟事件手続法（平成23年法律第51号）85条1項は、

① 　改正民法251条2項（所在等不明共有者がいる場合の共有物の変更）、252条2項1号（所在等不明共有者がいる場合の共有物の管理）及び252条の2第2項（所在等不明共有者がいる場合の管理者による共有物の変更）の規定による各裁判、並びに、

② 　改正民法252条2項2号（共有物の管理について、相当期間を定めた催告をしても賛否を明らかにしない場合の共有物の管理）の規定による裁判

に係る事件について、共有物の所在地を管轄する地方裁判所の管轄に属することを定める。

(2)　所在等不明共有者がいる場合の裁判

　次に、非訟事件手続法85条2項は、裁判所が次に掲げる事項を公告し、かつ、イの期間が経過しなければ、前記(1)①の裁判をすることができないこと、及び、イの期間が1か月を下ってはならないことを定める。

ア　当該共有物について前記(1)①の裁判の申立てがあったこと。

イ　裁判所がこの裁判をすることについて異議があるときは、当該他の共有者等は一定の期間内にその旨の届出をすべきこと。

ウ　イの届出がないときは、前記(1)①の裁判がされること。

(3) 賛否を明らかにしない共有者がいる場合の裁判

続いて、非訟事件手続法85条3項は、裁判所が次に掲げる事項を前記(1)②の当該他の共有者に通知し、かつ、イの期間が経過しなければ、前記(1)②による裁判をすることができないこと、及び、イの期間が1か月を下ってはならないことを定める。

ア　当該共有物について前記(1)②の裁判の申立てがあったこと。

イ　当該他の共有者は裁判所に対し一定の期間内に共有物の管理に関する事項を決することについて賛否を明らかにすべきこと。

ウ　イの期間内に当該他の共有者が裁判所に対し共有物の管理に関する事項を決することについて賛否を明らかにしないときは、前記(1)②の裁判がされること。

また、非訟事件手続法85条4項は、上記イの期間内に裁判所に対し共有物の管理に関する事項を決することについて賛否を明らかにした当該他の共有者があるときは、裁判所は、その者に係る前記(1)②の裁判をすることができない旨を定める。

⑥ 裁判による共有物分割

(1) 改　正　法

（裁判による共有物の分割）

258条　共有物の分割について共有者間に協議が調わないとき、又は協議をすることができないときは、その分割を裁判所に請求することができる。

2　裁判所は、次に掲げる方法により、共有物の分割を命ずることができる。

> ①　共有物の現物を分割する方法
> ②　共有者に債務を負担させて、他の共有者の持分の全部又
> 　は一部を取得させる方法
> 3　前項に規律する方法により共有物を分割することができな
> 　いとき、又は分割によってその価格を著しく減少させるおそ
> 　れがあるときは、裁判所は、その競売を命ずることができる。
> 4　裁判所は、共有物の分割の裁判において、当事者に対し
> 　て、金銭の支払、物の引渡し、登記義務の履行その他の給付
> 　を命ずることができる。

(2)　**解　　説**

ア　共有物分割方法の明文化

　現行法では、共有者間に協議が調わないときは、共有物の分割
を裁判所に請求することができるとされており（258条1項）、そ
の分割方法については、現物分割をすることができないとき、又
は分割による著しい価格減少のおそれがあるときは、裁判所が競
売を命じることができるとされている（同条2項）。

　これに対し、改正法は、裁判による共有物分割について、現物
分割、賠償分割（全面的価格賠償又は部分的価格賠償[32]）、及び
競売による分割の方法があることを明文化した（本条2項及び3
項）。現物分割と賠償分割との間に、検討順序の先後関係はなく、
これらは同順位である。

イ　賠償分割の判断基準

　全面的価格賠償の方法によることができる場合について、最判

※32　全面的価格賠償とは、共有物を共有者の一人の単独所有とするか数人の新たな共有とし（一
　　部分割）、共有関係から離脱する者に償金を支払う方法であり、部分的価格賠償とは、現物
　　分割の結果が持分と対応しない場合、過不足分を償金の支払いで調整する方法である（松
　　岡久和＝中田邦博編『新・コンメンタール民法（財産法）第2版』（日本評論社、2020）
　　420頁〔松岡久和〕）。

平成8年10月31日民集50巻9号2563頁は、「共有物の性質及び形状、共有関係の発生原因、共有者の数及び持分の割合、共有物の利用状況及び分割された場合の経済的価値、分割方法についての共有者の希望及びその合理性の有無等の事情を総合的に考慮し、当該共有物を共有者のうちの特定の者に取得させるのが相当であると認められ、かつ、その価格が適正に評価され、当該共有物を取得する者に支払能力があって、他の共有者にはその持分の価格を取得させることとしても共有者間の実質的公平を害しないと認められる特段の事情が存するとき」という判断要素を示していた。

　そこで、中間試案においては、「共有物を一人又は複数の共有者に取得させることが相当であり、かつ、その者に取得させることとしても共有者間の実質的公平を害するおそれがないとき」に裁判所が賠償分割を命ずることができる旨を明確化することが提案されていた（中間試案第1の2⑴③）。

　しかし、上記中間試案は、上記判例が明示した判断要素の一部のみを抽出しており、他の判断要素が不要との誤解を生むおそれがあることや、その判断要素をすべて明示して法文化することの困難性などから、賠償分割の判断要素については規律を設けず、引き続き判例法理に基づく判断に委ねられることとなった※33。

⑦　相続財産に属する共有物の分割の特則

⑴　改　正　法

（裁判による共有物の分割）

258条の2　共有物の全部又はその持分が相続財産に属する場合において、共同相続人間で当該共有物の全部又はその持分について遺産の分割をすべきときは、当該共有物又はその持

※33　部会資料47。

　　　分について前条の規定による分割をすることができない。

2　共有物の持分が相続財産に属する場合において、相続開始の時から10年を経過したときは、前項の規定にかかわらず、相続財産に属する共有物の持分について前条の規定による分割をすることができる。ただし、当該共有物の持分について遺産の分割の請求があった場合において、相続人が当該共有物の持分について同条の規定による分割をすることに異議の申出をしたときは、この限りでない。

3　相続人が前項ただし書の申出をする場合には、当該申出は、当該相続人が前条第1項の規定による請求を受けた裁判所から当該請求があった旨の通知を受けた日※34から2箇月以内に当該裁判所にしなければならない。

(2)　**解　　説**

ア　裁判による共有物分割の原則禁止（本条1項）

　遺産分割の手続には、共有物分割の手続と異なり、民法906条（遺産分割の基準）や同法906条の2（遺産分割前に遺産に属する財産が処分された場合の遺産の範囲）の適用がある。また、遺産分割は、遺産全体の価額に特別受益や寄与分等を加味して算出した具体的相続分に基づいて行うものとされており、全体を把握しなければ分割することができないという性質を持つ。さらに、遺産分割の手続では、分割の際に配偶者居住権（民法1028条1項1号）を設定することができるが、共有物分割の手続では、その設定をすることができない。判例（最判昭和50年11月7日民集29巻10号1525頁）も、共有物分割において相続人間の分割をする

※34　「当該相続人が前条第1項の規定による請求を受けた裁判所から当該請求があった旨の通知を受けた日」とは、当該相続人が共有物分割請求訴訟の訴状の送達を受けた日となることを想定している（部会資料51、12頁）。

ことを否定している。

　本条1項は、このような遺産分割と共有物分割との違いを踏まえ、共有物の全部又は一部が相続財産に属する場合には、原則として、改正法258条1項の裁判による共有物分割をすることができないことを規定した。

イ　相続開始時から10年経過後の例外（本条2項及び3項）

　本条1項の原則に対し、2項は、例外的に、相続開始から長期間（10年）が経過し、かつ、共有物分割請求がされた後も相続人が遺産分割の申立てをせず、また、遺産分割の申立てがあっても、相続人が共有物分割による処理に異議の申出をせず（異議申出の期間は3項のとおり2か月）、遺産分割上の権利を行使しない場合、裁判所は、共有物の分割を命ずる判決において、相続財産に属する共有物の分割もすることができる[35]ことを定める。

　このような規律が設けられたことにより、遺産分割手続と共有物分割手続の各適用場面及び役割分担が明確になるものと思われる。

⑧　所在等不明共有者の持分の取得

(1)　改　正　法

（所在等不明共有者の持分の取得）

262条の2　不動産が数人の共有に属する場合において、共有者が他の共有者を知ることができず、又はその所在を知ることができないときは、裁判所は、共有者の請求により、その共有者に、当該他の共有者（以下この条において「所在等不明共有者」という。）の持分を取得させる旨の裁判をすること

---

[35]　この場合、民法906条や配偶者居住権に関する規定等は適用されないこととなる（部会資料42、3頁）。

ができる。この場合において、請求をした共有者が2人以上あるときは、請求をした各共有者に、所在等不明共有者の持分を、請求をした各共有者の持分の割合で按分してそれぞれ取得させる。

2　前項の請求があった持分に係る不動産について第258条第1項の規定による請求又は遺産の分割の請求があり、かつ、所在等不明共有者以外の共有者が前項の請求を受けた裁判所に同項の裁判をすることについて異議がある旨の届出をしたときは、裁判所は、同項の裁判をすることができない。

3　所在等不明共有者の持分が相続財産に属する場合（共同相続人間で遺産の分割をすべき場合に限る。）において、相続開始の時から10年を経過していないときは、裁判所は、第1項の裁判をすることができない。

4　第1項の規定により共有者が所在等不明共有者の持分を取得したときは、所在等不明共有者は、当該共有者に対し、当該共有者が取得した持分の時価相当額の支払を請求することができる。

5　前各項の規定は、不動産の使用又は収益をする権利（所有権を除く。）が数人の共有に属する場合について準用する。

(2)　解　　説

ア　裁判所の決定による所在等不明共有者の不動産持分の取得（本条1項）

　共有物をどのように管理するかについては、基本的には、共有者間の協議により定めることになるが、所在等不明共有者との間では協議することができない。この状態が継続すると、共有物の管理に支障が生ずるおそれがあるため、共有者としては、裁判による共有物分割請求により所在不明共有者との間の共有関係を解

消することが考えられるが、そのためには、一定の時間や手続
（公示送達等）を要するし、具体的な分割方法は裁判所の裁量的
な判断に委ねられているため、共有者においては、その予測が困
難な面もある。

　改正法においては、共有者の一部が所在等不明共有者である場
合にも共有物の管理を円滑に行うことができるよう、共有物の管
理に関する行為についての同意取得の方法に関する規律（252条
2項1号）や共有者が選任する管理者に関する規律（252条の2第
2項）等が設けられているが、いずれも手続的な負担や相応の費
用負担が生じる。

　そこで、改正法は、特に不動産の共有物の管理に関して生ずる
支障を抜本的に解決するため、裁判所が、共有者の請求により、
その共有者に所在等不明共有者の持分を取得させる旨の決定をす
ることにより、共有関係を解消する方法について定めることとし
たものである。

イ　共有物分割請求又は遺産分割請求があった場合の規律（本条2項）

　共有物分割請求事件や遺産分割請求事件が係属しており、その
中で、共有者が、所在等不明共有者の持分も含めて全体について
適切な分割を実現することを希望している場合、その分割請求事
件において適切な分割をすべきであり、それとは別に、所在等不
明共有者の持分のみを共有者の一人が取得する手続を先行させる
べきではない。

　そこで、改正法262条の2第2項は、他の分割請求事件があり、
所在等不明共有者以外の共有者が所在等不明共有者の持分の取得
の裁判をすることについて異議を申し出た場合、その裁判をする
ことができないことを定める。

ウ 所在等不明共有者の持分が相続財産に属する場合の規律（本条3項）

不動産が遺産共有状態にある場合、共同相続人間で遺産分割協議をするには一定の期間を要するのが通常であるから、相続人に不動産の持分を喪失させ、その持分を遺産分割の対象から除外する結果を認めるためには、相続開始から一定の期間が経過しており、遺産分割上の権利を長年にわたって行使していない状況でなければならないと考えられる。

そこで、改正法262条の2第3項は、相続人の共有持分権の取得については、相続開始時から10年経過後でなければ、所在等不明共有者の持分の取得の裁判をすることができないことを定める。

(3) 手 続 等

ア 管轄裁判所

非訟事件手続法87条1項は、前記(1)の改正法262条の2第1項の規定による所在等不明共有者の持分取得の裁判に係る事件について、不動産の所在地を管轄する地方裁判所の管轄に属することを定める。

イ 公告及び期間

非訟事件手続法87条2項は、裁判所が、次に掲げる事項を公告し、かつ、(イ)、(ウ)及び(オ)の期間が経過しなければ、所在等不明共有者の持分取得の裁判をすることができないこと、及び、(イ)、(ウ)及び(オ)の期間が3か月を下ってはならないことを定める。

　(ア) 所在等不明共有者の持分について所在等不明共有者の持分の取得の裁判の申立てがあったこと。

　(イ) 裁判所が所在等不明共有者の持分の取得の裁判をすることについて異議があるときは、所在等不明共有者は一定の期間内にその旨の届出をすべきこと。

　(ウ) 民法262条の2第2項の異議の届出は、一定の期間までに

すべきこと。

　㈓　㈑及び㈒の届出がないときは、所在等不明共有者の持分
　　の取得の裁判がされること。

　㈔　所在等不明共有者の持分の取得の裁判の申立てがあった所
　　在等不明共有者の持分について申立人以外の共有者が所在等
　　不明共有者の持分の取得の裁判の申立てをするときは一定の
　　期間内にその申立てをすべきこと。

ウ　判明している共有者に対する通知

　非訟事件手続法87条3項は、裁判所が、前記イの公告をした
ときは、遅滞なく、登記簿上その氏名又は名称が判明している
共有者に対し、前記イ（㈑を除く。）の規定により公告した事項
を通知しなければならないこと、及び、この通知は、通知を受
ける者の登記簿上の住所又は事務所に宛てて発すれば足りるこ
とを定める。

エ　異議の届出の却下

　非訟事件手続法87条4項は、裁判所が、同条2項3号（上記イ
（㈒））の異議の届出がその期間を経過した後にされたときは、当
該届出を却下しなければならないことを定める。

オ　供託等

　非訟事件手続法87条5項は、裁判所が、所在等不明共有者の持
分の取得の裁判をするには、申立人に対して、一定の期間内に、
所在等不明共有者のために、裁判所が定める額の金銭を裁判所の
指定する供託所に供託し、かつ、その旨を届け出るべきことを命
じなければならないことを、同条6項は、事情変更により前項の
決定で定めた額を不当と認めるに至ったときは、供託金額を変更
しなければならないことを、同条7項は、これらの第5項及び第
6項の裁判に対して即時抗告をすることができる旨を、それぞれ
定める。

カ　申立ての却下

　非訟事件手続法87条8項は、裁判所が、申立人が同条5項（前記**オ**）の規定による決定に従わないときは、その申立人の申立てを却下しなければならないことを定める。

　また、同条11項は、所在等不明共有者の持分の取得の裁判の申立てを受けた裁判所が同条2項（前記**イ**）の公告をした場合において、その申立てがあった所在等不明共有者の持分について申立人以外の共有者が同条5項（前記**オ**）の期間が経過した後に所在等不明共有者の持分の取得の裁判の申立てをしたときは、裁判所が、申立人以外の共有者によるその裁判のその申立てを却下しなければならないことを定める。

⑨　所在等不明共有者の持分の譲渡

(1)　改　正　法

（所在等不明共有者の持分の譲渡）

262条の3　不動産が数人の共有に属する場合において、共有者が他の共有者を知ることができず、又はその所在を知ることができないときは、裁判所は、共有者の請求により、その共有者に、当該他の共有者（以下この条において「所在等不明共有者」という。）以外の共有者の全員が特定の者に対してその有する持分の全部を譲渡することを停止条件として所在等不明共有者の持分を当該特定の者に譲渡する権限を付与する旨の裁判をすることができる。

2　所在等不明共有者の持分が相続財産に属する場合（共同相続人間で遺産の分割をすべき場合に限る。）において、相続開始の時から10年を経過していないときは、裁判所は、前項の裁判をすることができない。

3　第1項の裁判により付与された権限に基づき共有者が所在

　　等不明共有者の持分を第三者に譲渡したときは、所在等不明
　　共有者は、当該譲渡をした共有者に対し、不動産の時価相当
　　額を所在等不明共有者の持分に応じて按分して得た額の支払
　　を請求することができる。
　4　前3項の規定は、不動産の使用又は収益をする権利（所有
　　権を除く。）が数人の共有に属する場合について準用する。

⑵　解　　説

ア　裁判所の決定による所在等不明共有者の不動産持分の譲渡（本条1項）

　一般的に、共有者の一人が自己の共有持分のみを売却して得る
代金よりも、共有物全体を売却し、その持分割合に応じて受け取
る代金のほうが高額になる。しかし、共有者の中に所在等不明共
有者がいる場合には、その同意が得られないため、所在の判明し
ている共有者全員が共有物全体を売却することを希望しても、裁
判による分割で所在等不明共有者の持分を他の共有者が取得する
か、所在等不明共有者のために不在者財産管理人や所有者不明土
地管理人を選任してその同意を得なければ、共有物全体を売却す
ることはできない。これらの管理人を選任するには、その報酬等
の費用を支出しなければならず、売却によって共有者が得る金額
が結局減少してしまう。

　そこで、改正法は、特に土地の共有者の一部が所在等不明共有
者である場合に、裁判による共有物分割や財産管理等の手続を経
ずに当該共有物を売却することができるよう、裁判所が、共有者
の請求により、その共有者に、所在等不明共有者以外の共有者の
全員が特定の者に対してその有する持分の全部を譲渡することを
停止条件として[36]、所在等不明共有者の持分を当該特定の者に

※36　法制審議会の部会では、要綱案に至るまでは、「所在等不明共有者以外の共有者全員の同

譲渡する権限を付与する旨の裁判をすることができる旨を定める。

イ　所在等不明共有者の持分が相続財産に属する場合の規律（本
　条2項）

　本条2項は、前記⑧(2)ウと同様の趣旨から、不動産が遺産共有
状態にある場合には、相続開始時から10年経過後でなければ、
本条1項の裁判をすることができないことを定める。

ウ　裁判の効力

　本条1項の裁判により権限の付与を受けた共有者が、長期間に
わたって所在等不明共有者の持分の譲渡をしないという事態を防
止するため、権限付与の効力の終期は、裁判の効力が生じた後2
か月と定められた（非訟事件手続法88条3項本文）。ただし、例
外的な事情があるケースに対応し得るようにするため、裁判所が
この期間を伸張することができるものとしている（同項ただし
書）。

(3)　手　続　等

ア　管轄裁判所

　非訟事件手続法88条1項は、前記(1)の改正法262条の3第1項
の規定による所在等不明共有者の持分を譲渡する権限付与の裁判
に係る事件について、不動産の所在地を管轄する地方裁判所の管
轄に属することを定める。

イ　公告、供託等

　非訟事件手続法88条2項は、所在等不明共有者の持分を譲渡す
る権限付与の裁判について、所在等不明共有者の持分の取得の裁
判に関する同法87条の公告や供託等に関する規定（前記⑧(3)）

意を得て」とすることも検討されていたが（部会資料41、9頁）、所在等不明共有者以外の
共有者は、自らその持分を譲渡するものであることや、不動産の持分の全部を売却するこ
とが前提となっていることを明確にするため、「同意」ではなく、所在等不明共有者以外の
共有者の全員が特定の者に対してその有する持分の全部を譲渡することを停止条件として、
所在等不明共有者の持分を譲渡する権限が付与することとされた（部会資料51、15頁）。

の一部を準用する旨を定める。

ウ　持分譲渡の効力が生じない場合の裁判の失効

　非訟事件手続法88条3項は、所在等不明共有者の持分を譲渡する権限の付与の裁判の効力が生じた後2か月以内にその裁判により付与された権限に基づく所在等不明共有者の持分の譲渡の効力が生じない場合、その裁判はその効力を失うこと、及び、この期間は裁判所において伸長することができることを定める。

⑩　相続財産についての共有に関する規定の適用関係

(1)　改　正　法

> （共同相続の効力）
> 898条（1項省略〔改正なし〕）
> 　2　相続財産について共有に関する規定を適用するときは、第900条から第902条までの規定により算定した相続分をもって各相続人の共有持分とする。

(2)　解　　説

　判例（最判昭和30年5月31日民集9巻6号793頁）によれば、遺産共有は、民法249条以下に規定する「共有」とその性質を異にするものではないため、特別の定めがない限り、遺産共有にも民法249条以下の規定が適用されることとなる。

　このとき、共有持分の割合をどのような基準で確定するかについて、改正法は、民法900条から902条までの規定によって算定した法定相続分又は指定相続分をもって各相続人の共有持分とすることを定めている。

[林　康弘]

3　共有財産の管理と分割をめぐる争い (2) ～財産管理制度に関する改正

Ⅰ　所有者不明土地管理命令及び所有者不明建物管理命令

①　所有者不明土地管理命令

(1)　改正法の概要

改正民法264条の2以下では、所有者不明土地について、現行の不在者財産管理制度（民法25条1項）及び相続財産管理制度（民法952条1項）を見直すのではなく、利害関係人の請求により、裁判所が所有者不明土地管理人を選任し、管理を命ずることができる所有者不明土地管理制度を創設している。

(2)　解　　説

ア　改正の経緯

社会経済情勢の変化を背景に、所有者の土地への関心が薄れがちになり、また、土地の所有者が死亡しても相続登記がされないこと等を原因として、不動産登記簿から所有者が判明しなかったり、判明しても連絡がつかなかったりする所有者不明土地が発生し、土地が管理されずに放置されて周囲に悪影響を及ぼす事態が発生している。

そこで、必要な調査を尽くしても土地の所有者又は共有地の持分権者が不明であり、又はその所在が不明であるときは、土地を適切に管理することが著しく困難になることがあることから、土地の円滑かつ適正な管理を図るため、当該土地の管理に特化した制度を創設することとなった※37。

※37　補足説明50頁。

イ　所有者の捜索方法

　所有者不明土地の利用の円滑化等に関する特別措置法（以下「特措法」という）においては、「所有者不明土地」を「相当な努力が払われたと認められるものとして政令で定める方法により探索を行ってもなおその所有者の全部又は一部を確知することができない一筆の土地」と定義している（特措法2条1項）。

　現行法において、裁判所は、表意者が相手方の所在を知ることができないこと（民法98条1項）や当事者の住所、居所その他送達をすべき場所が知れないこと（民事訴訟法110条1項1号）を認定しており、これらの要件が認められるための探索方法については明文の規定がなく、裁判所が事案に応じて適切に認定している。

　そのため、改正法は、特措法と同様の要件を設けていない[38]。

　所有者の所在等が不明であることを認定するためには、登記簿上及び住民票上の住所に居住していないかどうかの調査（所有者が死亡している場合には、戸籍を調査して、その戸籍の調査で判明した相続人の住民票上の住所を調査）、所有者が法人である場合に所有者の所在等が不明であることを認定するためには、本店（主たる事務所）が判明せず、かつ、代表者の所在を知ることができないこと（具体的には、代表者が法人の登記簿上及び住民票上の住所に居住していないかどうかを確認すること）が必要になることが想定されている[39]。

ウ　不特定所有者と所在不明所有者

　改正法においては、所有者を特定することができない場合（不特定所有者）と所有者を特定することができるがその所在を知ることができない場合（所在不明所有者）とで、別個の規律を設けると、場面を細かく区分することで制度の複雑化・硬直化を招く

---

[38]　部会資料33、3頁。
[39]　部会資料33、3頁。

懸念があるなどの理由から[40]、別個の規律は設けられていない。

エ　不在者財産管理人との競合

　所有者不明土地管理人と不在者財産管理人が仮に同時に併存した場合の権限の優劣については、所有者不明土地管理人が選任されているときは、その土地の管理処分権は所有者不明土地管理人に専属しており（改正民法264条の3第1項）、不在者財産管理人がその土地について管理処分権を有することはないとされている[41]。

オ　申立権者

　改正民法264条の2第1項において、申立権者は、「利害関係人」とされているが、その範囲について明示されていない。

　「利害関係人」に該当する者としては、土地が適切に管理されないために不利益を被るおそれがある隣接地所有者、土地を取得してより適切な管理をしようとする公共事業の実施者や民間の買受希望者、所有者不明土地を時効取得したと主張する者が想定されている[42・43]。

カ　所有者不明土地管理人

　所有者不明土地管理人には、土地所有者及び利害関係人の利益にも配慮しながら所有者不明土地の円滑かつ適正な管理を実現するという所有者不明土地制度の趣旨を踏まえ、事案に応じて、当該土地の適正な管理をする能力を有する者が適切に選任されることが想定されている[44]。

　また、所有者不明土地管理人は、もともと職務の範囲が限定されており、土地の管理を継続することが相当でなくなったときに

※**40**　部会資料33、4－5頁。
※**41**　部会資料43、2－3頁。
※**42**　部会資料33、6頁
※**43**　部会資料43、3頁。
※**44**　部会資料33、6頁。

は速やかに管理命令を取り消すことが可能であるため（改正非訟事件手続法90条10項）、管理行為の内容等を限定する定めをすることができるとする等の規律は設けられていない（改正民法264条の3第1項参照[45]）。

キ　管轄裁判所

　所有者不明土地管理に関する事件においては、高度の専門性を要する法的判断が必要になると考えられること、表題部所有者不明土地法においても、所有者等特定不能土地等の管理に関する事件は、地方裁判所の管轄に属するとされていること[46]、地方裁判所にも支部があることや、郵送による申立ても可能であり、申立て後も含め申立人が裁判所に来庁しなければならないケースは限られることから[47]、改正非訟事件手続法90条1項では、不動産の所在地を管轄する地方裁判所の管轄としている。

ク　裁判を受ける者

　管理命令がされると、所有者不明土地管理人に選任される者の法律関係が形成されることから、管理人は裁判を受ける者に当たり、決定の告知（非訟事件手続法56条1項）の対象となる。

　また、所有者不明土地の所有者は、管理命令により管理処分権を制限されることとなるから「裁判を受ける者」に当たるが、不明となっている所有者に対して現実に告知することはできないから、失踪宣告の場合などと同様に、その決定は所有者に告知することを要しないこととなる（改正非訟事件手続法90条12項）。

※45　部会資料33、7頁。
※46　部会資料33、7頁。
※47　部会資料43、4頁。

② 所有者不明土地管理人の権限

(1) 改正法の概要

　改正法では、所有者不明土地等の管理処分権を所有者不明土地管理人に専属させ（改正民法264条の3第1項）、所有者不明土地管理人が処分などの権限外の行為を行う場合には、裁判所の許可を必要とし、許可を得ていない場合につき、善意の第三者に対抗することはできない旨を規定している（改正民法264条の3第2項）。

(2) 解　　説

ア　所有者不明土地管理人に所有者不明土地の管理処分権を専属

　所有者不明土地管理人に所有者不明土地の管理処分権を専属させる方が、所有者不明土地管理人による職務の円滑な遂行や法的安定にも寄与することとなる。また、土地所有者から土地を購入しようとする者は、その土地の登記記録を確認するのが通常であるため、所有者不明土地管理人が選任された旨の登記がされていれば、土地所有者は土地を売却できなくなるが、土地所有者としては、申立てによって管理命令の取消しをした上で、土地を処分することが可能であり、土地所有者への制約の程度が過剰になるわけではない[48]。

　そこで、改正法では、所有者不明土地管理人に管理処分権を専属させることとし、土地管理命令があった場合には、裁判所書記官は、職権で、遅滞なく、当該命令の登記を嘱託しなければならないこととしている（改正非訟事件手続法90条6項）。

イ　権限外について裁判所の許可

　現行民法の不在者財産管理制度においては、不在者本人の権限は制約されないことを前提に、管理人が裁判所の許可を得ずに権限外の行為をしたときは、表見代理の規定（民法110条）が適用

---

[48]　部会資料33、10頁。

され保護される場合があると解されている。一方、表題部所有者不明土地法21条3項等では、土地所有者の権限を制約して特定不能土地等管理者に専属させることを前提に、裁判所の許可が必要な行為について、許可を得ずに行った場合には、その行為は無効とされるが、善意の第三者には対抗できないとされている。

　土地所有者の権限を制約して所有者不明土地管理人に権限を専属させるのであれば、不在者財産管理制度ではなく、表題部所有者不明土地法における規律とのバランスを図ることが適切である[49]。

　そこで、改正民法264条の3第2項では、裁判所の許可を得ない所有者不明土地管理人の行為について善意の第三者に対抗することができない。

　土地所有者の負う債務の弁済を所有者不明土地管理人が行うことについては、所有者不明土地管理人の職務の内容に当然に含まれるものではないとされている[50]。

　また、土地が数人の共有である場合において、共有持分についての土地管理命令が発せられた場合には、所有者不明土地管理人は、当該持分につき権限を有することとなり、土地が複数の相続人の遺産共有に属する場合も同様となる[51]。

ウ　動産の取扱い

　所在等が不明となっている土地所有者が土地上の動産を所有している場合には、所有者不明土地管理人が自ら保管を続けることは、過重な負担であり、当該動産を処分することを可能とする必要性は高く、土地の管理の一環として所在等が不明な土地所有者がその土地上に有する動産に限って管理し処分することを可

---

[49]　部会資料33、10—11頁。
[50]　部会資料33、11頁。
[51]　部会資料33、11—12頁。

能としても、その所有者の利益を害するおそれは低いと考えられる※52。

　そこで、改正民法264条の3第1項では、所有者不明土地管理人が選任された場合には、土地管理命令の対象とされた土地又は共有持分の上にある土地所有者の所有する動産及びその管理、処分その他の事由により所有者不明土地管理人が得た財産の管理及び処分をする権利についても、所有者不明土地管理人が有することとされている。

③　所有者不明土地等に関する訴えの取扱い

(1)　改正法の概要

　改正民法264条の4では、所有者不明土地管理命令が発せられた場合には、所有者不明土地等に関する訴えについては、所有者ではなく、所有者不明土地管理人に当事者適格を認める旨を規定している。

　また、改正民事訴訟法125条では、所有者不明土地等に関する訴訟手続で当該所有者不明土地等の所有者を当事者とするものについて所有者不明土地管理命令が発せられたときの中断・受継、所有者不明土地管理命令が取り消されたときの所有者不明土地管理人を当事者とする所有者不明土地等に関する訴訟手続に関する中断・受継を規定している。

(2)　解　　説

ア　当事者適格

　所有者不明土地管理人が選任されている場合には、所有者不明土地管理人に所有者不明土地の管理処分権が専属することになる。そして、土地の所有者ではなく、所有者不明土地管理人

※52　部会資料33、13頁。

を被告とすることは、所有者不明土地管理人による応訴等の対応が可能となり、土地の所有者の手続保障の観点からは望ましい。また、所有者不明土地管理人と土地所有者の双方に訴え提起が可能であるとすると、訴訟が別個に係属するおそれもある。さらに、所有者不明管理人が選任された旨の嘱託登記によって、被告とすべき者は明らかであるから、訴えを提起しようとする者に過度な負担が生じることもない[53]。

　そこで、改正民法264条の4では、土地管理命令が発せられた場合には、当該命令の対象とされた土地等に関する訴えについては、所有者不明土地管理人に当事者適格を認めている。

　不在者財産管理人又は相続財産管理人と同様に、所有者不明土地管理人が原告となって訴訟を提起する場合には、裁判所の許可が基本的には必要となるが、所有者不明土地管理人が被告となって応訴する場合には、裁判所の許可は不要となる[54]。

イ　訴訟手続の中断と受継

　土地管理命令が発せられると、所有者不明土地等の管理処分権は、所有者不明土地管理人に専属し、当該所有者不明土地等に関する訴えの当事者適格は、所有者不明土地管理人が有することとなる。そのため、土地所有者を当事者とする所有者不明土地等に関する訴訟の係属中に土地管理命令が発せられた場合には、土地の所有者は当事者適格を失い、所有者不明土地管理人が当事者適格を有し、所有者不明土地管理人を当事者とする所有者不明土地等に関する訴訟の係属中に土地管理命令が取り消された場合には、土地の所有者が当事者適格を有する。それらの場合に、新たに訴訟追行をすべき者による訴訟手続への関与が可能になるまでは一定の時間を要することからすると、新たに訴訟追行をすべき

※53　部会資料33、15頁。
※54　部会資料43、7頁。

者又は相手方から手続の続行を申し立てられるまでは、訴訟手続の進行を停止すべきことになる※55。

そこで、改正民事訴訟法125条は、訴訟手続の中断及び受継に関する規律を設けている。

④ 所有者不明土地管理人の義務

(1) 改正法の概要

改正民法264条の5では、所有者不明土地管理人は、所有者不明土地等の所有者に対して善管注意義務を負い、また、所有者不明土地等に共有者が複数いる場合には、誠実公平義務を負う旨を規定している。

(2) 解　　説

ア　善管注意義務の相手方

所有者不明土地管理人が所有者以外の「利害関係人」に対しても善管注意義務を負うとなると、そもそも、関係者に様々な者がおり、所有者不明土地管理人の職務執行が困難になること、所有者不明土地管理人の報酬及び管理に要した費用は、土地所有者が負担し、利害関係人は費用負担をしないにもかかわらず善管注意義務を負わせることには問題がある※56。

また、所有者不明土地管理人は、土地所有者に対する善管注意義務の履行をもって土地の保存・管理等に当たることによって、利害関係人の利益も間接的に保護され、所有者不明土地管理人の過失によって、利害関係人に損害を与え、不法行為の要件を満たす場合には、不法行為に基づく損害賠償義務を負うこともある※57。

そして、表題部所有者不明土地法における特定不能土地等管理

※55　部会資料43、7頁。
※56　部会資料33、16頁。
※57　部会資料33、16頁。

者も、特定不能土地等管理命令の対象とされた所有者等特定不能
土地等の所有者のために、善良な管理者の注意をもってその権限
を行使することとされている（同法24条1項）。

　そこで、改正民法264条の5第1項では、善管注意義務の相手
方は、土地所有者のみとしている。

イ　誠実公平義務

　土地共有者のうちの複数の者が所在不明等であり、所有者不明
土地管理人が複数の所在不明者の共有持分を対象として選任さ
れた場合、所有者不明土地管理人は、特定の共有者の利益を犠牲
にして他の共有者の利益を図るような行為をすることは適当で
ない[58]。

　そこで、改正民法264条の5第2項では、誠実公平義務につい
て規定している。

　なお、所有者不明土地管理人が土地所有者の土地を自ら買い受
けるような利益相反行為をすることは、その法的地位にかかわら
ず、民法108条の直接適用又は類推適用により、許されないとさ
れている[59]。

⑤　所有者不明土地管理人の解任及び辞任

(1)　改正法の概要

　改正民法264条の6は、所有者不明土地管理人の任務違反による
解任と裁判所の許可を経ての辞任について規定している。

(2)　解　　説

　所有者不明土地管理人が、任務に違反して管理命令の対象とされ
た土地に著しい損害を与えたことその他重要な事由があるときは、
当該管理人による管理をそれ以上続けることは相当でないが、所有

※**58**　部会資料33、17頁。
※**59**　部会資料43、8頁。

者不明土地管理人の辞任を無限定に認めることも相当ではない[※60]。

　そこで、改正民法264条の6では、利害関係人の請求による解任と、裁判所の許可を得ての辞任について規定している。

⑥　所有者不明土地管理人の報酬等

(1)　改正法の概要

　改正民法264条の7では、所有者不明土地管理人は、所有者不明土地等から裁判所が定める額の費用の前払及び報酬を受けることができ、所有者不明土地管理人による所有者不明土地等の管理に必要な費用及び報酬は、所有者不明土地等の所有者（その共有持分を有する者を含む。）の負担とする旨を規定している。

(2)　解　　説

ア　費用及び報酬の所有者負担

　所有者不明土地管理人は、土地の所有者に代わって土地を管理する者であるから、その管理費用及び報酬は、土地の所有者が負担すべきと解され、費用の前払及び報酬の支払原資について、土地や土地上の動産に限定する必要はない[※61]。

　そこで、改正民法264条の7第2項では、管理に必要な費用及び報酬については、所有者の負担としている。

イ　申立人による予納

　所有者不明土地上に、価値代替物が存在しないときは、申立人に予め予納金を準備させることが想定される。そして、申立人から予納金が支払われず、原資不足により管理費用を支出するのが困難であることが見込まれる場合には、申立てが却下されることが想定されている[※62]。

※60　部会資料 33、18頁。
※61　部会資料 43、9頁。
※62　部会資料 33、19頁。

⑦　所有者不明土地管理制度における供託等及び取消し

(1)　改正法の概要

　改正非訟事件手続法90条8項・10項では、所有者不明土地管理人が土地から生じた金銭を供託することによって管理を終了することができることとし、また、改正非訟事件手続法90条11項では、所有者が判明したときには、所有者の申立てより、管理命令を取り消すことができることとしている。

(2)　解　　説

ア　供託

　改正非訟事件手続法90条8項は、所有者不明土地管理人が土地から生じた金銭を供託することによって管理を終了させることができることを明確にするために、新たに供託原因を創設している。

イ　所有者の判明による取消し

　所有者及びその所在を知ることができた又は所有者の所在を知ることができたことによって、所有者不明土地管理命令が取り消されると、管理命令の対象となっていた土地等は、所有者において管理がされることになる。

　そのような場合には、所有者不明土地管理人は、所有者に対し、事務の経過及び結果を報告し、当該命令の対象とされた土地及びその管理、処分その他の事由により所有者不明土地管理人が得た財産を引き渡さなければならないこととなる（改正非訟事件手続法90条11項）。

ウ　所有者が死亡した場合の取扱い

　所在不明となっていた所有者が死亡した（又は当該所有者について失踪宣告がされた）場合には、所有者不明土地管理人の権限が当然に消滅するものではなく、管理命令の取消しがされるまでは、決定が効力を有するので、権限は存続し、行為の効果は相続により所有者となった者に帰属することとなる[63]。

　　所在不明となっていた所有者が死亡していたことが判明した
（又は当該所有者について失踪宣告がされた）場合には、所有者
の相続人の存在及び所在が判明すれば、取消事由になるが、相続
人の存在及びその所在が判明しなければ、直ちに管理命令の取消
事由に当たることはない[64]。

　　相続人の存在及びその所在が判明したことによって管理命令が
取り消された場合において所有者不明土地管理人が既にした行為
の効力は、管理命令が有効にされて、それを前提に取引等がされ
ている場合に遡及的にその効力を覆滅させることは取引の安全を
害することから、管理命令の取消し一般に遡及効を認めることは
できないと解されている[65]。

⑧　所有者不明建物管理命令

(1)　改正法の概要

　　改正民法264条の8は、所有者不明土地等管理命令制度とは別個
に所有者不明建物管理命令制度を創設し、建物の敷地の利用に関す
る権限の管理及び処分を認めつつ、所有者不明土地等管理命令制度
の規定を準用している。

(2)　解　　説

ア　改正の経緯

　　建物の所有者又は共有者やその所在が不明である場合には、建
物の利用・管理に支障が生じ、土地と同様に社会経済に悪影響を
与える。そして、建物についても近時、所有者やその所在等が直
ちには把握できない事例が増加している。

　　また、建物についても、現行の不在者財産管理制度等では、不

※63　部会資料43、10頁。
※64　部会資料43、10頁。
※65　部会資料43、10頁。

在者等の財産全般を管理しなければならないことに伴うコスト等が負担となる。そこで、不在者財産管理制度等とは別に、建物の管理に特化した新たな管理制度が設けられることとなった[66]。

　所有者不明建物管理命令制度を創設することによって、土地の所有者と建物の所有者とが異なり、建物の所有者が所在等不明である場合や建物が未登記であるために建物の所有者が特定できない場合にも適切に対処できることから、所有者不明土地等管理命令とは別個の制度となっている[67]。

イ　敷地の利用に関する権利の管理及び処分

　建物が敷地利用権に基づいて適法に建てられており、建物の管理のために建物を売却することが適当と考えられる場合、建物管理人が建物と共に借地権などの敷地利用権を移転させることができないとすると、買い手となる第三者が現れないことから、建物管理人による建物の敷地利用権の処分権限が必要となる[68]。

　そこで、改正法では、建物所有者が敷地利用権を有している場合には、所有者不明建物の管理人は、建物を所有するための賃借権等の建物の敷地に関する権利の管理及び処分をする権限を有することとされている（改正民法264条の8第2項・5項、264条の3第1項）。

ウ　無権原で建てられた建物の敷地への出入り

　所有者不明建物が無権原で建てられていた場合に、敷地に立ち入るだけであれば、土地所有者と連絡をとるなどして対応することになるが、土地所有者がその土地への立入りを拒むのであれば、所有者不明建物管理人は敷地へ立ち入れないこととなる[69]。

※66　補足説明64頁。
※67　部会資料28、7頁。
※68　部会資料28、3－4頁。
※69　部会資料44、6頁。

エ　区分所有建物の専有部分及びその敷地利用権

　区分所有者が所在不明になった場合の対応は、専有部分の管理だけでなく、その建物並びに敷地及び附属施設の管理に関する意思決定全般に関連するものであり、区分所有法制の根幹にかかわる検討を要する課題であるため、建物管理命令制度の対象からは除外されている※70。

Ⅱ　管理不全土地管理命令及び管理不全建物管理命令

①　管理不全土地管理命令

(1)　改正法の概要

　改正民法264条の9以下では、所有者による管理が不適当である土地につき、利害関係人の請求により裁判所に選任された管理不全土地管理人が管理する制度を創設している。

(2)　解　　説

ア　改正の経緯

　現行法においては、管理不全土地による侵害又はその危険が及ぶ近隣の土地所有者は、管理不全土地の所有者に対し、所有権に基づく妨害排除請求権等を行使することができる。

　もっとも、土地の草木が繁茂するなどして周辺住民に被害を及ぼしている場合、継続的に廃棄物の不法投棄が行われ周辺住民に被害を及ぼしている土地について、廃棄物を撤去等した後も再び不法投棄されるおそれがある場合など土地の継続的な管理が必要である場合において、当該土地について裁判所が選任する管理人が管理すれば、土地の管理不全状態を解消するための直接的な管理が可能となる。また、そのような場合には、侵害を防止又は予

※70　部会資料28、8頁。

防するために必要な限度で、土地所有者が制約を受けることもやむを得ない[71]・[72]。

そこで、改正民法264条の9以下では、土地の適切な管理を実現するための新たな手段として、管理人による管理不全土地管理制度を創設している。

イ　要件

管理不全土地には、管理を全くしていないケースだけではなく、管理をしているもののそれが適切ではないケースも問題となり得るため、所有者による土地の管理が不適当であることが要件とされている[73]。

利害関係人とは、所有者が土地を管理していないことによって権利又は法律上の利益が侵害され、又は侵害されるおそれがある者である[74]。

ウ　動産の取扱い

管理不全土地管理制度においては、土地の適切な管理を実現する観点からは、土地上の動産についても、適宜の管理をすることが有益である。もっとも、管理不全土地管理制度は、不在者財産管理制度と異なり、物（土地）に着目した制度であるため、特に規定を置かなければ、土地所有者が所有していると認められる動産があっても、不在者財産管理人のようには管理することができない[75]・[76]。

そこで、改正民法264条の9第2項では、土地の適切な管理を実現する観点から、管理不全土地管理命令の対象は、管理不全土地上にある土地所有者の所有する動産に及ぶこととされている。

※71　部会資料39、13—14頁。
※72　部会資料50、1頁。
※73　部会資料50、2頁。
※74　部会資料39、17頁。
※75　部会資料39、18頁
※76　部会資料50、2頁。

エ 所有者の手続保障

　管理命令が発せられた場合には、土地の所有者は管理不全土地管理人による管理に要する費用を負担することとなるなどの影響を受けることからすると、裁判所は、命令をする場合には、土地の所有者の陳述を聴くこととし（改正非訟事件手続法91条3項本文）、即時抗告に関する規定を設けることによって（改正非訟事件手続法91条8項）、土地の所有者の手続保障を図りつつ[77]、緊急性のある事件にも対応する観点から、所有者の陳述を聴くことを要しない場合についても規定している（改正非訟事件手続法91条3項ただし書[78]）。

② 管理不全土地管理人の権限

(1) 改正法の概要

　改正民法264条の10では、管理不全土地管理人は、管理不全土地、当該土地上の動産、管理処分等により得た財産について管理処分権を有するが、保存行為及び改良行為を超える場合には裁判所の許可を必要とし、さらに、土地の処分については所有者の同意を必要としている。

(2) 解　　説

　管理不全土地管理人は、保存行為及び性質を変えない範囲内における利用改良行為については、裁判所の許可を得なくてもすることができ、それを超える行為については、裁判所の許可を得てすることができる（改正民法264条の10第1項、2項本文）。

　管理不全土地管理人が、裁判所の許可を得るべき行為をその許可を得ずにした場合には、原則として無効となるが、取引の安全の観点から、善意無過失の第三者には、制限を対抗することができない

※ **77**　部会資料39、17頁。
※ **78**　部会資料50、2頁。

とされている（改正民法264条の10第2項ただし書）。

第三者の保護要件に関しては、所有者不明土地管理制度では、土地の処分権限が管理人に専属していることなどから、取引の安全をできるだけ保護する観点から無過失を要件としないのに対し、管理不全土地管理人には処分権限が専属しないことや、表見代理の規定とのバランス等を考慮し、善意のみならず、無過失も要件とされている[79]。

また、管理不全土地管理命令の対象とされた土地の処分については、所有者の同意が必要となっている（改正民法264条の10第3項）。

③ 管理不全土地管理人の義務

(1) 改正法の概要

改正民法264条の11では、管理不全土地管理人は、管理不全土地等の所有者に対して善管注意義務を負い、また、管理不全土地等が数人の共有に属する場合には、その共有持分を有する者全員のために、誠実公平義務を負う旨を規定している。

(2) 解　説

所有者不明土地管理人と同様に、善管注意義務の相手方は、土地の所有者となり（改正民法264条の11第1項）、土地が共有の場合には誠実公平義務を負うこととなっている（改正民法264条の11第2項）。

④ 管理不全土地管理人の解任及び辞任

(1) 改正法の概要

改正民法264条の12では、①管理不全土地管理人が任務に違反したときなどに、利害関係人の請求に基づく裁判所による解任、②正

※**79** 部会資料50、5頁。

当な事由があるときに、裁判所の許可を得ての辞任について規定している。

(2) 解　　説

　所有者不明土地管理人（改正民法264条の6）と同様の規律となっている。

⑤　**管理不全土地管理人の報酬等**

(1)　**改正法の概要**

　改正民法264条の13では、管理不全土地管理人は、管理不全土地等から裁判所が定める額の費用の前払及び報酬を受けることができ、管理に必要な費用及び報酬は、管理不全土地等の所有者の負担となることが規定されている。

(2)　**解　　説**

　管理不全土地管理人は、土地の所有者に代わって、土地を管理することから、土地の所有者の委託を受けて土地を管理する者がいる場合と同様に、その管理費用及び報酬は、土地の所有者が負担となる[80]。

　実際の運用では、管理不全土地の所有者がこれを事前に納めることは期待し難く、管理不全土地管理人の費用及び報酬は、一旦は申立人が予納した予納金から支出され、予納金を納めた申立人は、管理不全土地の所有者に対して、不当利得返還請求等をすることによって予納金を回収することが想定されている[81]。

⑥　**管理不全土地管理制度における供託等及び取消し**

(1)　**改正法の概要**

　改正非訟事件手続法91条5項7項は、管理不全土地管理人は、管

※80　部会資料39、19頁。
※81　部会資料39、19頁。

理不全土地管理命令の対象とされた土地及び管理不全土地管理命令の効力が及ぶ動産の管理、処分その他の事由により生じた金銭を供託することができ、管理すべき財産がなくなったことを管理不全土地管理命令の取消事由と定めている。

(2) 解　　説

　管理不全土地管理命令の対象とされた土地及び管理不全土地管理命令の効力が及ぶ動産の管理、処分その他の事由により管理不全土地管理人が得た財産は、管理に要した費用に充てられ、その残財産がその所有者に引き渡されるなどして管理の対象財産がなくなったときは、管理不全土地管理人による管理の対象がなくなり、管理を継続する必要がない。

　そこで、改正非訟事件手続法91条7項では、管理すべき財産がなくなったときその他管理を継続することが相当でなくなったときを、取消事由としている。

⑦　管理不全建物管理命令

(1) 改正法の概要

　改正民法264条の14では、所有者による建物の管理が不適当な場合につき、管理不全建物管理制度について規定し、管理不全土地管理制度の規定を準用している。

(2) 解　　説

ア　改正の経緯

　管理不全土地管理制度を創設すれば、管理不全土地上の建物に倒壊・崩落の危険があるなどして要件を満たす場合には、土地について管理不全土地管理人を選任し、当該管理人は、土地上に柵や防護ネットを設けたりして、一定の対応をすることができる[82]。

※82　部会資料39、25頁。

　もっとも、管理不全建物については、現行法上の物権的請求権などの仕組みだけでは必ずしもまかないきれないケースもあると考えられる[83]。

　そこで、管理不全建物について、利害関係人の請求により、裁判所が管理不全建物管理人による管理を命ずる処分をすることを可能とする制度が創設されている。

イ　借地権との関係

　管理不全建物管理命令が、借地上にある管理不全建物について発せられた場合、管理不全建物管理人に借地権に関する権限を認めないとすると適切な管理に支障を来すおそれがある[84]。

　そこで、改正民法264条の14第2項では、管理不全建物管理命令の効力は、当該管理不全建物管理命令の対象とされた建物にある動産に加え、当該建物を所有するための建物の敷地に関する権利（賃借権その他の使用及び収益を目的とする権利（所有権を除く。）であって、当該管理不全建物管理命令の対象とされた建物の所有者又はその共有持分を有する者が有するものに限る。）に及ぶとされている。

ウ　区分所有法における専有部分及び共用部分

　区分所有法制の在り方については、区分所有関係の実態を踏まえて検討されるべきものとして、管理不全建物管理命令の対象から除外されている[85]。

※83　部会資料50、7頁。
※84　部会資料50、8頁。
※85　部会資料50、9頁。

Ⅲ　相続財産の管理等

①　相続財産の管理

(1)　改正法の概要

　改正民法897条の2は、相続人が単純承認をしたり、遺産の全部
が分割されたり、民法952条の相続財産の清算人が選任されたりす
る前であっても、相続財産の保全に必要な処分を命ずることができ
ることを規定している。

(2)　解　　説

　相続財産に属する財産が遺産分割前の暫定的な遺産共有状態にあ
る場合や、相続人のあることが明らかでない場合において改正民法
952条の相続財産清算人が選任されていないときにおける過渡的な
状態の相続財産を適切に管理するために、相続財産の保存のための
相続財産の管理を可能とする制度として創設されている[※86]。

②　相続の放棄をした者による管理

(1)　改正法の概要

　改正民法940条では、改正前民法940条の規定を改め、相続放棄
をした者が、放棄時に相続財産に属する財産を現に占有していると
きは、相続人又は民法952条1項の相続財産の清算人に対して当該
財産を引き渡すまでの間、自己の財産におけるのと同一の注意を
もって、その財産を保存しなければならない旨を規定している。

(2)　解　　説

ア　改正の経緯

　改正前民法下においては、相続放棄した者は、相続人となった
者が相続財産の管理を開始できるまで、自己の財産におけるのと

※86　部会資料34、8頁。

同一の注意をもって、その財産の管理を継続しなければならない（改正前民法940条1項）。

　もっとも、法定相続人の全員が相続の放棄をし、次順位の相続人が存在しない場合や、相続放棄者が相続財産を占有していない場合等において、相続放棄者が管理継続義務を負うかどうかや、その義務の内容は、必ずしも明らかではない[87]。

　そこで、改正民法940条では、相続放棄をした者であっても、放棄時に相続財産に属する財産を占有しているときは、相続人又は相続財産の清算人に財産を引き渡すまでは、自己の財産におけるとの同一の注意をもって財産を保存することとしている。

イ　保存義務の発生要件

　相続放棄をした者に一律に相続財産について責任を課すのは相当ではないが、相続財産に属する財産を現に占有する者が相続の放棄をする場合には、当該財産を占有していた事実があるため、当該財産を引き継ぐまでは一定程度の保存義務を負担することはやむを得ないとして、保存義務が課されていることとなっている[88]。

ウ　保存義務の内容

　相続放棄をした者の注意義務の程度は、相続放棄するまでの間に負っていた熟慮期間中の注意義務が「その固有財産におけるのと同一の注意」であることから（民法918条1項）、それと同等の「自己の財産におけるのと同一の注意」とされている[89]。

エ　保存義務の終了

　放棄者が相続人又は相続財産の清算人に当該財産を引き渡して占有を移転したときは、当該財産の保存は相続人又は相続財産の

※87　部会資料29、2頁。
※88　部会資料29、2頁。
※89　部会資料29、3頁。

清算人においてすることができるので、当該財産に関する保存義務が終了することなる※90。

そのため、放棄者が保存義務を負うのは、相続人等に対して「財産を引き渡すまでの間」に限定されている。

③ 不在者財産管理制度及び相続財産管理制度における供託等及び取消し

(1) 改正法の概要

改正法は、不在者財産管理人（改正家事事件手続法146条の2第1項、147条）や相続財産管理人（改正家事事件手続法190条の2、146条の2第1項、147条）が、管理すべき財産の全部を供託したときをその処分の取消事由とする。

(2) 解　説

不在者財産管理人の管理対象財産として、現金や預金債権のみが残存している場合には、「財産の管理を継続することが相当でなくなったとき」に該当するといえるか判然とせず、金銭が存在する限り管理を継続している事案があり、そのような事案では、不在者財産管理人の負担の増加を招くほか、管理費用や報酬が増加し、そこには不在者の財産が充てられるため、不在者の利益に反する結果となる。

そこで、不在者の利益を図りながら、管理事務の適正化を図るため、不在者財産管理人は、管理している金銭を供託することができることとし、この供託がされた場合には「財産の管理を継続することが相当でなくなったとき」に該当し、選任処分の取消しの審判がされることにより、手続を終了させることが可能となった※91。

※90　部会資料29、3—4頁。
※91　補足説明76頁。

Ⅳ　相続財産の清算

①　相続財産の清算人への名称の変更

(1)　改正法の概要

　改正法においては、改正前民法936条1項及び952条の「相続財産の管理人」の名称を「相続財産の清算人」に改めている。

(2)　解　　説

　改正前民法では、相続財産の管理人は、相続財産の清算を前提としていたが、この度の改正により相続財産の清算を前提としない相続財産の管理の制度（改正民法897条の2）が設けられたことから、従来の相続財産の管理人の名称は、相続財産の清算人に改められた。

②　民法第952条以下の清算手続の合理化

(1)　改正法の概要

　改正法は、相続財産の清算手続において、清算人を選任したときは、家庭裁判所による選任の公告及び相続人捜索の公告を同時に6箇月間の期間で行い（改正民法952条2項）、また、その公告があったときは、相続財産の清算人は、全ての相続債権者及び受遺者に対し、2箇月以上の期間を定めて、請求申出の公告をしなければならないとする（改正民法957条1項）。

(2)　解　　説

ア　改正の経緯

　改正前民法は、①家庭裁判所による選任の公告（改正前民法952条2項）を2箇月間行い、その後に、②相続債権者らに対する請求申出を求める公告（改正前民法957条1項）を2箇月間行い、さらに、その後に、③相続人捜索の公告（改正前民法958条）を6箇月間行うこととしている。

　改正前民法では、公告手続を何回も行わなくてはならず、権利

関係の確定に合計10箇月以上を要するため、必要以上に手続が重くなっており、相続財産の管理費用も必要以上に高くなっているとの指摘がなされている。

そこで、改正法では、相続人のあることが明らかでない場合における相続財産管理制度の清算手続の合理化として、①家庭裁判所による選任の公告、②相続債権者らに対する請求申出を求める公告及び③相続人捜索の公告を並行して行い、かつ、公告期間を短縮することとしている[※92]。

イ 公告の並行実施

請求申出公告と選任公告及び捜索公告を全て同時期に実施するとすれば、管理人は、相続財産や相続債権者等の調査が未了のまま、各別の申出催告をせずに請求申出の公告をする事態が生じ得るため、相続債権者等に権利行使の機会が十分に与えられないおそれがある。

また、選任公告及び相続人捜索の公告と請求申出の公告との並行実施を可能とすれば、手続全体の期間の短縮という効果を得ることができるが、これらを同時期に実施することによるメリットは乏しい。

そこで、請求申出の公告の前提として、管理人による相続財産や相続債権者等の調査の期間を設けるために、本文②の公告は、本文①の公告があった後2箇月以内に相続人のあることが明らかにならなかったときに行うこととされている[※93]。

ウ ①の公告

現行法においては、選任公告、請求申出及び相続人捜索の公告の期間をあわせると全体の公告期間としては10箇月を要するが、現在の通信、交通手段の発達を踏まえると、長きに失しており、

※92 補足説明88頁。
※93 部会資料34、22頁。

全体の公告期間を短縮する必要がある。

　もっとも、全体の公告期間を3箇月まで短縮すると、相続人が被相続人と疎遠になっていた場合には、相続開始の事実さえも認識していないケースがあり得ること、全体の手続期間が満了すると相続人として権利を行使することができない（民法958条の2）ということも起こりかねない。

　そこで、改正民法952条2項では、全体の公告期間を6箇月とすることとされた[94]。

エ　②の公告

　管理人による相続財産や相続債権者等の調査の期間を2箇月設けることから、公告期間を2箇月としても、現行法の取扱いと同等に、相続債権者等への手続保障を図ることが可能であるため、改正民法957条1項は、②の公告期間を2箇月としている[95]。

[金澤　大祐]

※94　部会資料34、22頁。
※95　部会資料34、22頁。

4　相隣関係の改正

Ⅰ　改正の趣旨・背景事情

　令和3年の民法改正により、相隣関係規定の一部が改正された。この改正は、所有者不明土地の利用の円滑化を図る方策として実施されたものである。

　すなわち、土地の所有者の所在等が不明な場合には、当該土地が管理されず放置されることが多い。また、土地の共有者が多数の場合や一部所在不明の場合には、当該土地の管理・利用のために必要な合意形成が困難である。このように、土地の管理が不全となって、隣接する土地への悪影響が発生しているケースが多い。このような所有者不明土地が隣接する土地にもたらす悪影響を解消するために、相隣関係規定の一部が見直されることになった。

　本改正によって、①隣地の使用請求に関する規定（現行民法209条）、②竹木の枝の切除及び根の切取りに関する規定（現行民法233条）が見直され、新たに③継続的給付を受けるための設備の設置権等に関する規定（改正民法213条の2）が創設されることになった。改正のイメージを掴むためにそれぞれのモデルケースを参照されたい。

Ⅱ　隣地の使用に関して

> ### モデルケース１
>
> 　Ｘは所有する賃貸用アパート及びその敷地を売却する準備を開始したところ、隣地が草木で荒れ放題となっており、上記敷地と隣地との境界が分からない状態になっていた。売却に当たり土地家屋調査士を雇って測量したいと考えているが、当該隣地上の家屋に住んでいたＡは既に亡くなり、空き家状態になっている。Ａには子どものＹ₁・Ｙ₂がいるとのことだが、その所在は分からない。

①　「使用請求権構成」から「使用権構成」へ

　民法209条は、その条文見出しが現行の「隣地の使用請求」から改正法において「隣地の使用」に改まるほか、その中身たる法的構成も改められることになった。すなわち、改正前は、同条所定の事由がある場合に、隣地の使用を承諾すべきことを隣地所有者に請求することができるが、隣地所有者の承諾が得られない場合には提訴して承諾に代わる判決（民事執行法177条）を得なければならないという内容であった。しかし、一定の場合には隣地所有者の承諾ないし承諾に代わる判決がなくとも、使用の目的のために必要な範囲内で隣地の使用を認めるべきであるとして法的構成が変更されることになった[96]。なお、隣地の所有者等により隣地の使用が妨害される場合には、土地所有者は妨害排除請求で対応することになる。

②　隣地を使用できる事由

　改正法によると、土地の所有者は、下記のいずれかの目的のため

※ 96　民法・不動産登記法部会第 21 回議事録 3 頁（大谷太幹事発言）。

必要な範囲内で、隣地を使用することができる（改正民法209条1項本文）^{※97}。 モデルケース1 は下記イの場合を想定している。なお、住家の立入りには居住者の承諾が必要である点は従前と変わりない。

ア　境界又はその付近における障壁、建物その他の工作物の築造、収去又は修繕

現行民法209条1項でも障壁又は建物の築造又は修繕について定められているが、現行民法209条1項の解釈として例示列挙なのか限定列挙なのか明確にはなっていなかった。そこで、改正法では障壁と建物に加え、その他の工作物を境界付近に配置する場合にも隣地の使用を認めることが合理的であることから設けられた。

イ　境界標の調査又は境界に関する測量

土地を売却する場合や、土地上に建物等を建築する場合、当該土地の境界や面積を明らかにする必要がある。そのために境界標の調査又は境界を確定するための測量の目的で隣地を使用する必要があり、改正法はこれを認めるものである。なお、相隣者間で決めることができるのは所有権界であって、公法上の筆界は民法の規律の対象とはならないことを前提としている。

ウ　改正民法233条3項による枝の切取り

竹木の地盤面と越境された土地の地盤面とに高低差がある斜面地などでは、竹木の存する土地に立ち入らなければ枝を切除することができないケースもある。後記Ⅲの規律に基づいて、土地所有者が隣地から越境した枝を自ら切除する際に、必要な範囲で隣地の使用を認めるものである。

③　隣地の使用方法等

前記②による隣地の使用に当たり、使用の日時、場所及び方法は隣

※**97**　部会資料18、2頁。

地の所有者及び現に隣地を使用している者（「隣地使用者」）のために損害が最も少ないものとなるものを選択する必要がある（改正民法209条2項）。隣地の使用方法の相当性に関する規律である。土地そのものの損害ではなく、使用を受ける人に着目した規定ぶりになっている。仮に損害を受けた場合、これらの者はその償金を請求することができるとされ（同条4項）、前記②による隣地の使用が適法であることを前提としている。

　前記②により隣地を使用する者は、所有者及び隣地使用者に対して、予めその目的、日時、場所及び方法を通知する必要がある（同条3項本文）。この通知は相手方を知ることができない、あるいは所有者が誰か分からない場合でも、公示による意思表示（民法98条）により通知することが可能である[98]。ただし、緊急事態など予め通知することが困難なときは、使用を開始した後、遅滞なく通知することをもって足りるとされる（改正民法209条3項ただし書）。

Ⅲ　竹木の枝の切除及び根の切取り

> **モデルケース2**
>
> 　Xは一軒家とその敷地を所有し、自宅として使用していたところ、近頃、隣地の樹木の枝がX宅の垣根を越えて伸びてきたため、落ち葉の清掃や害虫の発生に頭を悩まされている。従前、当該隣地上の家屋に住んでいたAは数年前に亡くなり、隣家は空き家状態になっている。Aには子どものY₁・Y₂がいるとのことだが、その所在は分からない。

※**98**　部会資料56、3頁。

①　改正の趣旨

　現行民法では、越境した竹木の枝により土地の利用が妨げられている土地所有者は、竹木の所有者の所在を探索して枝の切除請求訴訟を提起し、取得した請求認容確定判決を債務名義として強制執行を申し立て、竹木所有者の費用負担で第三者に切除させる方法（民事執行法171条1項、4項）によらなければ、越境した竹木の枝を取り除くことはできない。これとは異なり、越境した竹木の根は判決を取得しなくても自ら切り取ることができる（現行民法233条2項、改正民法233条4項）。改正法では、このような規律の違いが見直され、土地の管理をより円滑に行うことを可能とする観点から、越境された土地の所有者が枝を自ら切り取ることを認める方向で規律されることになった[99]。

②　各共有者による枝の切除

　土地の所有者は、隣地の竹木の枝が境界線を越えるときは、その竹木の所有者に、その枝を切除させることができる（改正民法233条1項）。現行233条1項と実質的な内容の違いはなく、請求できる主体が明確になっている。

　この場合において、隣地の竹木が数人の共有に属するときは、各共有者は、その枝を切り取ることができる（同条2項）。端的に、竹木の共有者の権限として、他の共有者の同意なく切除できるとされたものである。

③　土地所有者自らが隣地から越境した枝を切除できる場合

　土地所有者が、竹木所有者を知ることができず、又はその所在を知ることができない場合、通常は竹木所有者による枝の切除を期待することができない。また、竹木の枝は、その性質上、いずれまた伸びる

※99　部会資料32、12頁。

ことが予想される。これらのことに鑑みれば、土地所有者による直接の切除を認める必要性があるとされ、本改正により新たに規律されることになった[100]。土地所有者が自ら切除できる場合（改正民法233条3項）は以下のとおりである。

　ア　竹木の所有者に枝を切除するよう催告したにもかかわらず、竹木の所有者が相当の期間内に切除しないとき。

　　竹木の所有者が枝を切除する機会を与えられたのにもかかわらず、相当の期間内に必要な切除を行わない場合には、土地所有者自身による切除を認める必要性が高いからである。

　イ　竹木の所有者を知ることができず、又はその所在を知ることができないとき。

　　 モデルケース2 のように、隣地が所有者不明土地に該当するようなケースを想定している。

　ウ　急迫の事情があるとき。

　　通常の裁判手続を経る暇がないような急迫な事情があるときである。例えば、地震により破損した建物の修繕工事のための足場を組むために、隣地から越境した枝を切り取る必要がある場合が考えられる。

Ⅳ　継続的給付を受けるための設備設置権及び設備使用権

モデルケース3

　　Xは一軒家とその敷地を所有し、自宅として使用していたところ、当該敷地内の水道管が破損したことにより新たに水道管を設

※100　中間試案 20 頁、部会資料 18、8 頁。

置することになった。詳しく調査した結果、新たな水道管の一部
を隣地に埋設するほかない状態であった。しかし、当該隣地上の
家屋に住んでいたAは既に亡くなっており、家屋は空き家状態
になっている。Aには子どものY₁・Y₂がいるとのことだが、そ
の所在は分からない。

①　規定創設の趣旨

　民法は、いわゆるライフラインに関する技術が未発達の時代に制定
されたため、排水のための低地の通水に関する民法220条や通水用工
作物の使用に関する民法221条を除き、各種ライフラインの設置にお
ける他人の土地等の使用に関する規定がない。土地所有者が水道管な
どの設備の設置を希望する場合において、どのような根拠に基づき対
応すべきかは判然としなかった[101]。そこで、改正法では、土地所有
者がライフラインを自己の土地に引き込むための導管等の設備を他人
の土地に設置する権利を明確化し、隣地が所有者不明土地である場合
にも対応できる仕組みも整備することになった。

②　継続的給付を受けるための設備設置権及び設備使用権

　土地の所有者は、他の土地に設備を設置し、又は他人が所有する設
備を使用しなければ電気、ガス又は水道水の供給その他これらに類す
る継続的給付を受けることができないときは、継続的給付を受けるた
め必要な範囲内で、①他の土地に設備を設置し、又は②他人が所有す
る設備を使用することができるとされた（改正民法213条の2第1項）。
　この権利は、近隣の土地等の所有者間の権利関係を調整するもので
あり、端的に、土地の所有者が、他の土地に自己の設備を設置するこ
とにより当該他の土地を使用すること、また他人の所有する設備を使

※ **101**　なお、他人の設置した給排水設備の使用を民法220条、221条の類推適用により認め
　　た事例として、最判平成14・10・15民集56巻8号1791頁。

用することを認めたものである※102。この法的構成は、隣地の使用に関する改正民法209条と同様である。これにより他の土地の所有者、設備の所有者らは、使用されることの受忍義務を負うことになる。なお、どのような場合が「必要な範囲内」（改正民法213条の2第1項）か否かは、画一的な基準を設けることは困難であるため、事案ごとの個別事情により判断されることになる。

　仮に、他の土地の所有者、設備の所有者らによりその使用が妨害される場合には、土地所有者は妨害排除請求で対応することになる。

③　設備の設置・使用の方法等

　前記②の権利行使としての設備の設置又は使用の場所及び方法は、他の土地又は他人が所有する設備（以下「他の土地等」という）のために損害が最も少ないものを選ばなければならない（同条2項）。他の土地等の使用方法の相当性を基礎づけるものであるが、改正民法209条と違い他の土地等に着目して損害が最小限になることを要求している。

　前記②により他の土地等を使用する者は、その所有者及び他の土地を現に使用している者に対して、予めその目的、場所及び方法を通知する必要がある（改正民法213条の2第3項）。この通知は相手方を知ることができない、あるいは所有者が誰か分からない場合でも、公示による意思表示（民法98条）により通知することが可能である。

　また、前記②の設備設置権又は設備使用権を有する者は、これらの権利を行使するために、設備を設置するための土地又は他人が所有する設備をある土地を使用することができる（改正民法213条の2第4項）。これらの土地が継続的供給を受けた場所から離れた個所にある可能性があるので、隣地の使用に関する改正民法209条1項ただし書及び同条2項ないし4項が準用される。

※102　部会資料51、4頁。

④　償金等の規律[103]

(1)　設備設置権の行使に係る償金

　土地の所有者が、他の土地に設備を設置する場合、利害関係者が損害を被ることがあり得る。改正民法は、適法な設備設置権の結果として土地の所有者に対し償金を支払う義務を認めた。その償金は2種類あり、一つは、他の土地を使用する場合に当該土地の所有者や使用者に一時的に生じる損害に対する償金である（改正民法213条の2第4項が準用する改正民法209条4項）。もう一つは、設備の設置によって土地が継続的に使用できなくなることによって生じる損害に対する償金であり、囲繞地通行権（民法第212条ただし書）と同様に、1年ごとの定期払の方法を認めることとした（改正民法213条の2第5項）。

(2)　設備使用権の行使に係る償金

　土地の所有者が、他人が所有する設備を使用する場合、設備のある土地を使用するときに当該土地の所有者や使用者に一時的に生じる損害金（改正民法213条の2第4項が準用する改正民法209条4項）が発生する可能性があるほか、当該設備の使用を開始するためにその所有者に一時的に損害が発生することが考えられる。そこで、後者についても適法な設備使用権の行使として土地の所有者に対する償金の支払義務を認めた（改正民法213条の2第6項）。

(3)　設備使用権の行使の結果としての経費分担

　土地の所有者が継続的給付を受けるために他人が所有する設備を使用する場合、当該設備の設置、改築、修繕及び維持に費用が発生し得る。当該設備の使用により継続的給付を受ける恩恵に与れる以上、土地の所有者はその利益を受ける割合に応じて、当該設備の所有者との間で、上記の費用を負担することになる（改正民法213条の2第7項）。

※103　部会資料51、5頁。

⑤ 土地の分割又は一部の譲渡によって継続的給付を受けることができない土地が生じた場合

　分割によって他の土地に設備を設置しなければ継続的給付を受けることができない土地が生じたときは、その土地の所有者は、継続的給付を受けるため、他の分割者の所有地のみに設備を設置することができる（改正民法213条の３第１項前段）。これは、分筆によって袋地が生じた場合の囲繞地通行権の規律（民法213条）と同様の規律である。すなわち、甲土地と乙土地に分割し、甲土地が他の土地に設備を設置しなければ継続的給付を受けることができない場合は乙土地のみに設置することができる。この場合は甲土地の所有者は償金を支払う義務はない（同項後段）。

　そして、この規律は土地の所有者がその土地の一部を譲り渡した場合についても準用される（改正民法213条の３第２項）。

［戸髙　広海］

5　土地所有権の国庫への帰属の承認に関する制度の創設

Ⅰ　立法の趣旨・背景事情

　今般、所有者不明土地[104]の発生を抑制するための方策の一つとして、「相続等により取得した土地所有権の国庫への帰属に関する法律」（以下「国庫帰属法」という）が制定されることになった。

　この法律は平たく言えば、管理状態が悪くない土地を、国の機関の審査を受け、かつ、相応の費用を支払って、国に引き取ってもらう制度を定めた法律である。法が想定している事例は、下記のようなものになると思われる。

> **モデルケース**
>
> 　首都圏に住むX_1は、202×年×月×日、離れて暮らす母X_2及び妹X_3とともに、父Aを相続した。Aの相続財産の中には、Aがその父から相続した土地が数筆あったが、これらの土地は他県の山奥にあり、誰にも利用されていなかった。X_1らは、地元の不動産業者を通じてこれらの土地を処分しようとしたが、今のところ買い手は現れていない。

　立法に至る背景事情として、急速な少子高齢化等の社会経済情勢の変化に伴い、土地を手放したいと考える人が多数いる点が挙げられる。現に、国土交通省の調査によると、アンケート回答者の約

※104　なお、国庫帰属法の目的規定（第1条）において、所有者不明土地とは「相当な努力を払ってもなおその所有者の全部又は一部を確知することができない土地」である旨定義されている。

39％が「土地を保有することに負担を感じたことがある又は感じる」と回答している[105]。同省の別の調査では、利用されていない土地の所有者に限っていえば、回答者の約半数の所有者が土地の売却意向をもっていた[106]。土地の所有意識が希薄化し、土地を利用したいニーズが減れば、相続登記がされないまま放置され所有者不明土地になるとともに、適切に管理されなくなる。

　しかし、安易に国庫への帰属を許すと、本来であれば所有者が負担すべき土地の管理コストを国に転嫁する、あるいは所有権を手放すつもりで土地を適切に管理しなくなるというモラルハザードが発生するおそれがある。そこで、一定の基準を設けて、将来の管理の費用の一部を負担する等の条件を整えた上で、土地所有権を国へ譲渡することを認めるという制度設計になった。

Ⅱ　理論面の整理　―土地所有権の「放棄」から「（国への）譲渡」へ

　国庫帰属法は元々、土地所有権の「放棄」を可能とする制度として検討されてきた。法務大臣の法制審議会諮問第107号（2019年2月）が「土地所有権の放棄を可能とすること」の検討を求めたのが発端である[107]。現行民法239条2項が「所有者のない不動産は、国庫に帰

※ 105　国土交通省土地・建設産業局企画課「平成 30 年度『土地問題に関する国民の意識調査』の概要について」(https://www.mlit.go.jp/common/001302813.pdf) 参照（なお、アンケート調査は 2019 年 1 ～ 2 月に実施されている。）。負担を感じる理由（複数回答可）として、「税金や管理費用の金銭的な負担を感じる」(80.2%) と「草刈り等の管理作業に負担を感じる」(41.8%) が多数を占める。

※ 106　国土交通省『利用されていない土地の所有者に対する Web アンケート調査』（令和元年度）同「令和元年度　土地に関する動向」86 頁以下参照。

※ 107　国土交通省国土審議会土地政策分科会企画部会「中間とりまとめ―適正な土地の『管理』の確保に向けて」(2019 年 12 月) も、「将来の相続による所有者不明土地等の発生を抑制し、災害発生時の対応を含め将来の利用の障害を可能な限り小さくする観点から、土地所有権の放棄を可能にし、最終的に国に土地を帰属させるための手続を設けることを検討する必要がある」とした。

属する」と定めるが、現行法上、土地所有権の放棄に関する規定も最高裁判例もなく※108、その可否は明確になっていなかった※109。

　法制審議会では、土地の所有に伴う義務・責任や管理コストの存在を前提に、土地所有権の放棄は例外的であるという整理で議論が進められた。しかし、不動産の所有権放棄は原則不可という規律を設け、動産の所有権放棄も認められうる（民法239条1項参照）とした場合、不動産と動産とで規律のバランスが崩れることが危惧された。その結果、最終的に土地所有権を国庫に帰属させることが目的ならば、土地所有権が国に移転するとした方が直截であると整理されることになった※110。また、民法に所有権の放棄に関する新たな規律は設けないこととなった※111。

Ⅲ　相続等により取得した土地所有権の国庫への帰属の承認に係る手続

①　制度を利用できる者

　相続等により取得した土地所有権の国庫への帰属の承認に係る手続（以下「本制度」という）を利用できる者は、原則として、被相続人から土地の所有権又は共有持分を相続した又は遺贈を受けた相続人である（国庫帰属法2条1項）。①土地の取得原因が相続又は相続人に対する遺贈（以下「相続等」という）に限られていること、そして、②法人は原則として本制度を利用できないことがポイントである。

　これらは、国庫帰属法1条にあるとおり、所有者不明土地が相続等

※108　なお、広島高松江支判平成28・12・21訟月64巻6号863頁（原審：松江地判平成28・5・23訟月62巻10号1671号）は、一般論として土地所有権の放棄を認められるとしたものの、当該事案では土地所有者による所有権放棄は権利濫用等に当たり無効であるとした。
※109　中間試案の補足説明148頁。
※110　部会資料48、5頁。
※111　要綱案24頁。

により増加しているという立法の背景事情による。特に、②について
は、相続等により不要な財産の承継を余儀なくされる自然人と事業目
的次第で取得できる法人は異なるという実質論に基づく[※112]。ただ
し、後記②のとおり例外があり、売買・贈与などを理由に共有持分を
取得した自然人や法人も本制度を利用できる途がある。

②　申請方法

　土地所有権の国庫帰属の承認を受けるにあたり、所定の事項を記載
した承認申請書及び法務省令で定める添付書類を提出し（同法3条1
項）、かつ、申請に係る審査の手数料を納付する必要がある（同条2
項）。これらに違反すると、申請は却下される（同法4条1項2号）。

　また、土地が数人の共有に属する場合（例えば、 モデルケース の
X₁ないしX₃）は、全員で申請することを要する（同法2条2項前段）。
そして、共有者の一部に相続等により共有持分を取得した者がいれ
ば、相続等以外の原因で共有持分を取得した自然人であっても、ある
いは法人であっても、共同して行う限り申請することできる（同法2
条2項後段）。土地所有権の譲渡は法律上の処分に該当するところ、
共有物の場合は共有者全員の同意が必要であるから（民法第251条参
照）、当該手続の利用もその例によるものと考えらえる。

　なお、共有持分の放棄について定める民法255条の見直しも議論さ
れていた。その議論において、他の共有者に一方的に負担を押し付け
る目的で共有持分を放棄する事例が念頭に置かれていたが、こうした
事例は限定的であり、不動産に関しては共有持分の放棄の意思表示を
しても他の共有者の協力を得なければその旨の登記ができないことか
ら（不登法60条）、他の共有者に与える影響は少ないとして、新たな
規律は設けないこととなった。

※112　中間試案の補足説明150頁参照。

③　承認申請の対象外となる土地

　前記②の申請（「承認申請」、国庫帰属法2条1項・2項参照）に際して、申請に係る土地が下記に定める土地であるときは申請自体ができず（同法2条3項）、これに違反してなされた申請は却下される（同法4条1項2号）。国庫帰属法の立法趣旨からすれば、「通常の管理又は処分をするに当たり過分の費用又は労力を要する土地」（同法5条1項5号参照）は国が管理又は処分するのには適さないということになり、下記に該当する土地は承認申請の時点で容易に不適格である旨判断できるから、申請却下事由になっているものと思われる。

　ア　建物の存する土地

　　建物は時間の経過とともに老朽化し、土地以上に維持・管理コストがかかり、いずれは多額の解体費用が発生するからである[113]。建物の有無は基本的には登記で確認することが想定される。

　イ　担保権又は使用及び収益を目的とする権利が設定されている
　　　土地

　　これらの土地を国庫に帰属させると、国庫帰属後に国が土地を管理したり、第三者に譲渡したりする際の障害になり、土地に関して権利を主張する者、土地を占有する者との間で土地の管理をめぐって紛争が生じかねず、国が負担するコストが増加するからである[114]。これらの権利の存否も登記で確認することが想定される。

　ウ　通路その他の他人による使用が予定される土地として政令で定
　　　めるものが含まれる土地

　　ここで想定されているのは、地域住民等によって管理・利用され、その管理に当たって多数の者との調整が必要になる土地である。ここで対象とされるのは、例示されている通路のほか、ため

※113　中間試案の補足説明154頁、部会資料36、4頁。
※114　中間試案の補足説明153頁、部会資料36、11頁。

池、井溝、境内地等が想定されている[115]。これらは、形状、使用状況等を記載した書面により判断することが可能である。

エ　土壌汚染対策法第2条第1項に規定する特定有害物質（法務省令で定める基準を超えるものに限る。）により汚染されている土地

　土壌汚染がある土地は、その管理・利用に制約が生じ多大な費用がかかり、場合によっては人の健康に係る被害など周囲に害悪を発生させるおそれがあるからである[116]。この汚染の有無は、土地の来歴等の外形的事情からある程度判断することが可能であるため、まずは土地の過去の利用状況等を記載した書面により判断することが想定される[117]。

オ　境界が明らかでない土地その他の所有権の存否、帰属又は範囲について争いがある土地

　このような土地は、隣接地の所有者等との間で筆界が明らかでなければ、不測の紛争が生じかねず、その紛争の解決に向けたコストを国ひいては国民が負担しなければならず、モラルハザードにもつながりかねないからである[118]。これらはまずは登記所備付地図や地積測量図、境界標などから判断することが想定される。

④　承認に係る審査について

(1)　不承認事由

　承認申請に係る土地が次に掲げる土地のいずれにも該当しない場合、法務大臣は当該土地所有権の国庫帰属を承認しなければならない（国庫帰属法5条1項柱書）。同項各号所定の不承認事由は、「崖がある」、「（地上・地下に）有体物がある」というだけでは、直ちに通常の管理又は処分に支障があるというわけではないことを前提としてい

※115　部会資料54、5頁。
※116　中間試案の補足説明15頁、部会資料48、9頁。
※117　部会資料36、15頁。
※118　中間試案の補足説明153頁、部会資料48、11－12頁。

る。当該土地が「通常の管理又は処分をするに当たり過分の費用又は労力を要する土地」（同法5条1項5号参照）に当たるかどうかがメルクマールになる。この観点で見れば、当該不承認事由の存否は、前記③の申請却下事由とは異なり、実地調査、関係者からの事実聴取、追加資料の提出要請（同法6条1項、2項）をしなければそもそも事実の確認が難しいケースがあること、そして、土地の管理に関する専門的な判断ゆえに、他の行政機関への意見照会（同法7条）や協力要請（同法8条）が必要となる場合があることを想定している。

ア　崖（勾配、高さその他の事項について政令で定める基準に該当するものに限る。）がある土地のうち、その通常の管理に当たり過分の費用又は労力を要するもの

　　傾斜度のある土地の管理は困難であり、崩落により第三者に危険を及ぼすおそれがあり、その予防のための費用がかさむ傾向があるものの、一律に対象外とはしていない[119]。

イ　土地の通常の管理又は処分を阻害する工作物、車両又は樹木その他の有体物が地上に存する土地

　　工作物、車両、樹木などの建物以外の有体物も管理費用がかかる一方、建物ほどに除去費用がかからない物もある。また、例えば、林地には樹木の存在が当然の前提になっているように、土地の性質によっては当該有体物の存在を認める必要があることを考慮している[120]。

ウ　除去しなければ土地の通常の管理又は処分をすることができない有体物が地下に存する土地

　　地中に埋設物がある土地は、その管理・利用に制約が生じ、埋設物等の撤去のために多大な費用がかかりうるが、例えば広大な土地に若干な埋設物があっても土地の管理に支障はないことから、一律

※119　部会資料54、6―7頁。
※120　部会資料36、13頁。

に排除という形はとられていない。

エ 隣接する土地の所有者その他の者との争訟によらなければ通常の管理又は処分をすることができない土地として政令で定めるもの

隣地上にある竹木の枝や建物の屋根の庇が、申請対象の土地と隣地の境界を越えて大きく張り出しているとき、土地の帰属や範囲に争いがないものの、隣地の所有者等との間でトラブルが発生し、土地の利用、管理に支障を来す可能性があるからである[121]。

オ 前記アからエまでに掲げる土地のほか、通常の管理又は処分をするに当たり過分の費用又は労力を要する土地として政令で定めるもの

いわゆるバスケット条項である。利用者の予測可能性を確保するため国庫帰属が認められない土地の類型を具体化するも、土地の性質上、利用状況や形状等は様々であり法律で規定し尽くすことにも限界があることから定められている。

(2) 審査に必要な事実の調査・意見聴取

法務大臣は、承認申請に係る審査のため必要があると認めるときは、その職員をして審査に必要な事実の調査をさせることができる（国庫帰属法 6 条 1 項）。実際には、法務大臣は、各地の法務局に権限を委任することになる（同法 15 条 1 項）。

当該事実調査に当たる職員は、対象の土地及びその周辺の土地の実地調査、関係者からの聴取、資料提出要請など行うことができ（同法 6 条 2 項）、実地調査においては立入権限も認められている（同条 3 項）[122]。また、事実調査にあたって、関係行政機関、地方公共団体、関係のある行使の団体等に対し、資料の提供など

※ 121 部会資料 48、12 頁。
※ 122 なお、立入調査の適正を保障するため、立入り前の事前通知などを定める（国庫帰属法 6 条 3 ないし 8 項）。

の協力要請が可能となっている（同法7条）。もっとも、本制度は、地方公共団体及び国の機関が承認申請地の寄付を受けることを妨げるものではなく、土地の適切な利用・管理や国の管理の負担の軽減の観点からは寄付受けの促進はむしろ望ましいことから、運用においては、地方公共団体等に寄付を受ける機会を与えるため、法務大臣が地方公共団体等に対して、承認申請についての情報を事実上提供することを想定している[123]。

　そして、法務大臣は国庫帰属を承認しようとするとき、当該土地が主に農用地又は森林として利用されている土地ではないと明らかに認められる場合を除き、予め当該土地の管理について、財務大臣及び農林水産大臣の意見を聴くものとされる（同法8条）。国庫帰属後にその性質に応じた効率的な土地の管理を可能にするために、所管の大臣から意見を聴取する趣旨である[124]。

⑤　承認・不承認の決定及びその後の手続

　前記(1)のとおり不承認事由がない限り、土地所有権の国庫帰属は承認されることになる。なお、承認処分は土地の一筆ごとになされる（同法5条2項参照）。

　承認申請者は、承認処分があったときは、承認に係る土地につき10年分の管理費用に相当する負担金を納付しなければならない（同法10条1項）。当該負担金の金額は、国有地の種目ごとにその管理に要する10年分の標準的な費用の額を勘案して政令で定めるところにより算定され、承認処分の通知（同法9条）の際に併せて通知される（同法10条2項）。なお、令和3年5月現在の国有地の標準的な管理費用（10年分）は、粗放的な管理で足りる原野で約20万円、市街地の宅地（200㎡）で約80万円とされている[125]。承認申請者が当該通知

※123　部会資料54、8頁。
※124　部会資料58、4頁。

を受けた日から30日以内に当該負担金を納付したときはその納付の時点において当該承認処分に係る土地所有権は国庫に帰属する（同法11条）。先述のとおり、承認処分により土地所有権は国が当該所有者から承継取得するのであり、承認申請者が無権利者であった場合には承継の効果を生じない。また、負担金を納付しなければ承認処分は失効する（同法10条3項）。

　なお、承認・不承認の決定は公権力の主体たる国が国庫帰属法に基づいて、直接個人の権利義務を規律する行為であることから行政行為である。承認申請者は不承認処分に対して、その取消しを求める抗告訴訟や行政上の不服申立手段が可能である※126。

Ⅳ　国庫帰属後の措置

①　国庫に帰属した土地の管理

　負担金が納付され国庫に帰属した土地（以下「国庫帰属地」という）のうち農地又は森林として利用されているものは農林水産大臣が管理するものとし（国庫帰属法12条1項）、その管理及び処分は、それぞれ関係法令の適用を受ける（同条2項ないし4項）※127。その余の土地は国有財産法の普通財産として財務大臣が管理・処分を行うこととなる（国有財産法6条、20条）。

②　承認の取消し

　法務大臣は、承認申請者が偽りその他不正の手段により国庫帰属の承認を受けたことが判明したときは、当該承認を取り消すことができ

※125　法務省民事局「所有者不明土地の解消に向けた民事基本法制の見直し」（令和3年5月）（http://www.moj.go.jp/content/001347356.pdf）参照。
※126　中間試案28－29頁。
※127　なお、農地法の適用を受ける国庫帰属地に関して、農地法49条1項の規定による職員の調査等の拒否、妨害、忌避につき、罰則規定がある（国庫帰属法17条）。

る（国庫帰属法13条1項）。不正の手段により承認を受けた者が国庫に帰属させた土地を国の負担で管理を継続する必要はなく、そのような者を保護する必要もないからであり、この法務大臣の職権取消しに期間制限はない[128]。承認が取り消された結果、土地所有権の国庫帰属は遡及的に無効となる。

　なお、承認の要件を欠くことが事後的に判明した場合も職権取消しの対象にすることが検討されていたが、承認を受けた者に法務大臣の判断の誤りのリスクを負わせるのは必ずしも公正ではないとして見送られた。もっとも、国庫帰属の承認処分後、管理費用が納付されるまでの間に不承認事由に該当する事情が発生した場合（例えば、天災により平地に崖が生じたような場合）に、法務大臣が承認を事後的に撤回することは制限されない。

　そして、法務大臣は、上記の取消しをしようとするとき、国庫帰属地を所管する各省各庁の長（当該土地が交換、売払い又は譲与により国有財産でなくなったときは、当該交換等が生じた時に当該土地を所管していた各省各庁の長）の意見を聴くものとされる（同条2項）。当該国庫帰属地が交換等により国有財産でなくなった場合又は国庫帰属地につき貸付け、信託又は権利の設定がされた場合において、上記の取消しをしようとするときは、法務大臣は国庫帰属地の所有権を取得した者（転得者を含む）及び国庫帰属地に係る所有権以外の権利を取得した者の同意を得なければならない（同条3項）。これらは、国に所有権が移転された土地を取得した第三者を保護するとともに、土地利用を妨げないようにするための規定である。

　なお、承認が取り消されたときは、承認を受けた者に対して通知される（同条4項）。

※**128**　部会資料54、10頁。

③　承認申請者の損害賠償責任

　国庫帰属の承認に係る土地について当該承認の時において前記第
3・3の承認申請の対象外となる土地（同法2条3項）又は不承認事由
となる土地（同法5条1項各号）のいずれかに該当する事由があった
ことによって国に損害が生じたときは、当該事由を知りながら告げず
に当該承認を受けた者は、国に対してその損害を賠償する責任を負う
（同法14条）。

　当該規定は、土地所有権の国庫帰属を認める制度を導入する際に、
承認申請者の損害賠償責任につき新たな規律を設けなければ、国庫帰
属を承認された土地が要件を満たしていなかったことに起因して国に
発生した損害につき、承認申請者の賠償責任を追及することが困難な
ケースが生ずるおそれがあることから設けられた規定である。

　損害賠償請求の要件に関し、承認申請者は、承認申請の対象外とな
る土地又は不承認事由となる土地であることについて悪意であること
を要するとされた。善意の承認申請者に対して承認を受けた者に法務
大臣の判断の誤り（事実誤認、類型該当性の評価の誤り等）のリスク
を負わせるのは必ずしも公正ではない一方、悪意である者を保護する
必要はないからである[129]。なお、当該悪意は承認処分時点でのもの
であり、その立証責任は国にある。

　また、この規定に基づく損害賠償請求権の消滅時効については、損
害賠償請求の相手方を悪意者に限定することから、会計法の特則を設
けてまで承認を受けた者を保護する必要はないとして、会計法30条
の規律に委ねられることとなった。同条の規定によれば、行使するこ
とができる時から5年間が時効消滅期間となる。

※**129**　部会資料54、9—10頁。

Ⅴ　国庫帰属法の附則について

　国庫帰属法は公布日（令和3年（2021年）4月28日）から起算して2年を超えない範囲内において政令で定める日から施行される。施行後5年を経過した後、国庫帰属法の施行状況について検討が加えられ、その検討結果に基づいて必要な措置が講じられることになっている。

[戸髙　広海]

負担ばかり多い不（負）動産は、権利の放棄や相続放棄によって負担を免れることができるのか

1 人々の生活の変化と社会的問題

　生活の本拠が都会に集中し、家族の単位も夫婦と未婚の子を単位として形成さるというような形となり、田舎の両親と同居するということも少なくなった。その管理に多くの費用や負担がかかるとか、固定資産税の負担もままならないということになり、さらにその不動産を放置することで非難を受けたり、事故が生じて損害賠償を求められることにもなりかねないなどということにもなれば、両親から土地や家を相続すること自体が負担となる。こんな不動産について相続放棄という形で相続自体を拒否して対象不動産を国に帰属させてしまいたいと考えたり、既に自分の所有となっている不動産についてもこのような負担を背負い続けたくないからということでこの所有権を放棄することで国にその負担を任せたいというようなことが可能となるのだろうか。

　新たに成立した新法（相続等により取得した土地所有権の国庫への帰属に関する法律）は、所有者不明不動産などについてこれができるだけ放置されたままにならないでこれについての適宜な管理がされるような制度を考えたり、適宜な措置を執ることができるような施策や技術的な手法が考えられている。しかし、ここでは、この新法律にあまりこだわらずに一般的な「権利の放棄」や「相続の放棄」ということによる負担からの逃走というような問題について考えてみることにしたい。

不動産所有権の放棄という物権変動を利用して

　物権変動の原因となるものに「放棄」がある（物権の消滅原因）。これについては特別の規定が置かれていないが、当然のことと理解されている[1]。従って、これが認められると対象財産が動産の場合にはその動産は無主物となり、無主物先占の対象となる（民法239条1項）。しかし、対象財産が不動産ということになると「所有者のない不動産は、国庫に帰属する」とされているところから（同条2項）、放棄と同時に不動産は国庫に帰属することとなる。特に土地というものは、物理的な意味でも国家の形を構成する重要なものであるところからこのように扱われるものであろう。この国庫の不動産所有権取得は、たぶん原始取得となることであろう。この不動産の放棄による物権の消滅という物権変動は、登記しないと第三者に対抗し得ないと理解されている[2]。しかし、従来の不動産登記法にはこれを受けての手続規定が置かれていないし[3]、民法自体にも不動産の放棄の具体的な手続についての規定が置かれていなかった。登記がされるとすればおそらく便宜的に移転登記の手続となるのだろう（取得時効の場合の実務的処理同様）。ところが新法は、実質的には不動産についての放棄を認めるのに等しい具体的な規定を置いた上、その手続を定めることとなったという評価をすることができる。もっとも、新法は、手続の対象とすることができる不動産としての土地について一定の制限を加えている。この制限からするとここで対象とされる土地は、このような制度によらなくてもそれ自体に流通価値があるといえるようなものである可能性が大きく、本当の意味でのここで新法が立法された社会的背景が要求する土地とまではいえないのではないかと思われるがど

＊1　星野英一『民法概論Ⅱ』78頁。
＊2　星野・前掲書78頁。
＊3　星野・前掲書78頁。

うであろうか。

　ところでこのような制度による場合ではなく、一般的な土地の権利の放棄によって土地を国庫に帰属させ、自らはその所有者としての負担や義務を免れようとすることは可能なのであろうか。新たな制度を作り出したことはそれ以外の一般的な権利の放棄によることを否定するという解釈もあり得るであろう。ここでは、このような制度ができる以前にはどう解されていたのであろうかを見ておきたい。先にも述べたように民法の規定自体が不動産についての放棄の方法について具体的な規定をもっていなかった。学説においても不動産の放棄をいかになすのかについてほとんど議論されていなかったといってもいいであろう*4。

　不動産の所有権の放棄については、法律上その規定がなく、いかなる要件を具備するときに放棄があるとみるかは必ずしも明らかでない。「所有権の放棄は相手方のない単独行為であるから、少なくともその意思が外部から認識できる程度の表示がされることが必要であり、そのためには、不動産についてはその旨の登記がなされることが望ましいといわれる（大阪高判昭和58年1月28高民集36巻1号1頁・判タ506号101頁）。学説もこれを前提にこの物権変動を登記しなければ第三者に対抗することができないとしている*5。あるいは崖地所有者が予防工事を免れようとする放棄は、権利濫用*6となり国庫帰属が認められないとする学説もある*7。また、有力学説の「物権の放棄も

＊4　典型的な物権法の教科書である我妻榮＝有泉亨『新訂物権法』の民法239条2項についての記述でも無主の不動産については国庫帰属となるから無主物先占の対象とはならないという記述があるのみである（299頁以下）。同書では放棄の意思が外部に明確に表示されたということの必要性をいい、不動産の放棄に関しては「不動産所有権の放棄は、登記官に申請して登記の抹消をしなければ第三者に対抗しえない」（248頁）としている。

＊5　我妻榮＝有泉亨『新訂物権法』248頁、星野・前掲書78頁。

＊6　権利濫用とは、外形上権利の行使のようにみえるが、具体的の場合に即してみるときは、権利の社会性に反し、権利の講師として是認することのできない行為と定義される（我妻榮『新訂民法総則』35頁）。

＊7　川井健『説例民法学2（物権）』161頁など。

公序良俗に反してはならない（例えば危険な土地の工作物の放棄。717条参照）が、さらにこれによって他人の利益を害さない場合にだけ認められる」[8]とされているのも参考となる。このようなことからすると一般的に不動産の放棄によってこれを国庫に帰属せしめ、不動産に付着する責任や負担を免れようとすることは極めて困難となるといえそうである。土壌汚染があり、その排除や除染などの措置を執る負担や義務があったり、当該土地に放置すると事故を起こすような危険な場所があり、これの防止措置を執らねばならないなどの負担や義務を免れたいところからされる放棄などが権利濫用とされることもあるかもしれない。

　新法は、相続等によって取得されてしまった土地所有権を国庫帰属させるという制度であり、当該土地が一定の条件を満たしている以上は国庫帰属を国に義務づけるもので、形こそ放棄ではないが実質的には放棄による国庫帰属ということもできる。

3　相続放棄という手段を利用して

　もう一つの問題は、相続財産について放棄をすることによって相続対象財産である不動産についての取得を拒み、これによって不動産を国庫帰属させるということが考えられることとなる。確定的に取得する前の不動産を遡及的・確定的に取得しないという方法をとることが可能かという問題である。

　相続放棄という手段によって負担を伴う不動産を承継しない（国庫に帰属させる）ということが可能かという問題を見てみたい。相続が発生した場合には相続人としては単純承認・限定承認・放棄のいずれかの手段をとることが可能となる。とりわけ放棄や限定承認という制

＊8　我妻榮＝有泉亨『新訂物権法』249頁。

度は相続債権者の負担を前提とする制度であるが、「人はその意思に反して義務を負うべきではない」という近代民法の大原則からくるものである[9]とされる。しかし相続債権者の地位も無視できないところから民法は当然承認主義（民法921条2項は熟慮期間内に何らの意思表示をしないと法定単純承認となるとしている）を採用している。この相続放棄ということによって背負い込みたくない負担となる不動産の承継を免れてこれを国庫負担とすることができるかについては微妙なところがあるといえよう。

　かつて相続は権利であると同時に義務であったという時代があった。旧民法や旧法によると法定の推定相続人は放棄をすることができないとされていた（旧民法財産取得編317条ただし書、旧法1020条）。もちろんここでの相続は家督相続であり、対象財産は「家」の財産ということになる。当然ながら不動産などは「家」の財産ということとなる。旧法の起草者によれば、これは「公ケノ秩序ニ関スル事柄」であるとされている[10]。これは「子孫は、父祖の家督を相続する権利を有すると同時に、その義務を負うとの吾国従来の思想」に基づくものであるとされる[11]。このような制度下では当然のことながら不動産に付着する義務や負担を免れたいということで放棄の手段で責任を国に肩代わりさせようとすることはできなかったということになろう。

　しかし家制度の廃止に伴い、今日の相続は、あくまでも権利であって義務ではないものとされる。それが権利の濫用となるというようなケースが問題となることは十分にあり得るが、前記の「人はその意思に反して義務を負うべきではない」という近代民法の大原則からすると相続放棄を拒むことはなかなか難しいように思われるがどうであろうか。

〔山川　一陽〕

---

*9　野田愛子＝泉久雄『民法X〔相続〕』注解法律学全集（中川良延）290頁。
*10　法典調査会『民法議事速記録』7巻418頁以下。
*11　近藤英吉『相続法論（下）』636頁。

第 3 章

不動産登記法の改正

登記制度の改正

Ⅰ　所有者不明土地

　近年、土地の所有者が死亡しても相続登記がされないこと等を原因として、不動産登記簿により所有者が直ちに判明せず又は判明しても連絡がつかない土地（以下「所有者不明土地」という。[※1]）が生じ、その土地の利用等が阻害されるなどの問題が生じている。

①　所有者探索の負担

　所有者不明土地を利用し、若しくは取得し又は所有者に対し権利を主張するには、土地の所有者を探索しなければならない。探索の結果、土地の所有者が判明することがあるが、その判明に至るまでの負担は小さくない。

　土地の所有者が死亡し、相続登記がされていない場合、当該所有者の相続人を確定しなければならないが、そのためには当該所有者の出生から死亡までの経過の記載が分かる戸籍全部事項証明書（戸籍謄本）等を取得する必要がある。この場合に、相続人が既に死亡している場合には、被相続人に加えて、相続人の出生から死亡までの経過の記載が分かる戸籍全部事項証明書等を取得する必要がある。

[※1]　所有者不明土地とは、「相当な努力が払われたと認められるものとして政令で定める方法により探索を行ってもなおその所有者の全部又は一部を確知することができない一筆の土地」をいう（所有者不明土地の利用の円滑化等に関する特別措置法（平成 30 年 6 月 13 日法律第 49 号）第 2 条）。

②　所有者不明土地の利用・管理の支障

　所有者不明土地においては、所有者の探索の負担と相まって、土地の利用や管理に支障が生ずる。例えば、共有者の一部が不明である所有者不明土地では、他の共有者が当該土地を利用しようとしても、不明共有者の同意を得ることができないため、利用が制限されることがある。また、ライフラインの敷設等のために隣地を利用する必要が生じても、当該隣地が所有者不明土地である場合、当該所有者の同意を得ることができないため、支障が生ずることがある。

　さらに、所有者不明土地を管理するために、不在者の財産の管理制度等の財産管理制度を利用し、財産管理人を選任した場合、既存の財産管理制度については管理コストが高く、利用が困難である（『民法・不動産登記法の改正に当たっての検討課題』※2）。

③　所有者不明土地の発生原因

　所有者不明土地は、平成29年度に地籍調査が実施された62万9188筆の土地について調査が行われた結果、不動産登記簿のみでは所有者等の所在を確認することができない土地の割合は約22.2％であり、そのうち、①相続による所有権の移転の登記がされていないものの割合は約65.5％、②住所の変更の登記がされていないものの割合は約33.6％、③売買・交換等による所有権の移転の登記がされていないものの割合は約1.0％であった（国土交通省「平成29年度地籍調査における土地所有者等に関する調査」）。

　この調査結果によると、全国的に、所有者不明土地が発生する原因として、①の「相続による所有権の移転の登記がされていないもの」が最も大きな割合を占め、このような状態の場合、所有者の探索は一層困難である。また、②の「住所の変更の登記がされていないもの」

※2　部会資料(1) 1頁。

も所有者不明土地の発生の原因となっており、所有者不明土地の発生を予防するためには、これら①及び②の原因への対策を重点的に検討する必要があるとして、不動産登記法が改正された[※3]。

Ⅱ　相続登記等の申請の義務付け

①　問題の所在

不動産登記法は、不動産についての権利変動を公示する「権利に関する登記」（不登法2条4号）と、その制度の前提として、権利の客体である不動産の物理的状況を公示する「表示に関する登記」（同条第3号）の制度を設けている。

これらの表示に関する登記と権利に関する登記とが相まって、不動産の取引の安全が図られている。

(1)　表示に関する登記

表示に関する登記は、不動産の物理的状況を登記記録上明らかにするためにされるものであるから、その制度の趣旨を徹底するため、一定の種類の表示に関する登記について、当事者に対して公法上の申請義務を負わせている（不登法36条等。所有権取得の日から1箇月以内に表題登記を申請しなければならない等）。なぜならば、「不動産の現況を可及的速やかに登記に反映することが表示に関する登記の制度の趣旨に沿うものであり、当事者の申請に委ねる方が迅速な対応が期待されることによる」からである。なお、表示の登記のうち申請義務が課されるのは報告的登記[※4]であり、申請

※3　中間試案の補足説明・前掲※1、162頁。
※4　報告的登記
　　報告的登記とは、不動産の生成、変更、滅失に伴って、その原因、現況等を結果として登記上明らかにする登記である。報告的登記については、所有者等に申請義務が課される。表題登記（不登法36条・37条）、表題部の変更の登記（同法37条・51条）、滅失の登記（同法42条・57条）、建物を合体した場合の合体後の建物についての建物の表題登記及び合体前の建物についての建物の表題部の登記の抹消（同法49条）等がこれにあたる。なお、登

を怠った場合には、10万円以下の過料の制裁が課される（不登法
164条1項）[※5]。

(2) 権利に関する登記

権利に関する登記については、従来は、当事者に対して公法上の
申請義務を負わせていなかった。権利に関する登記は、不動産に関
する権利変動について第三者に対する対抗要件を備えるためにされ
るものであり（民法177条）、権利関係の公示は私的自治に関するも
のなので、その利益を享受しようとする者が必要に応じてその登記
を申請すればよいとされていた。

しかしながら、相続登記が未了であることが所有者不明土地が発
生する最大の原因であり、それは、相続登記の申請が義務とされて
いないため、相続登記をするインセンティブが働きにくいことや、
そのために相続登記を促す施策も実施しにくい面があった[※6]。

② 所有権の登記名義人が死亡した場合における登記の申請の義務付け

2020年3月に土地基本法が改正され、国民の諸活動の基盤であり、
その利用・管理が他の土地の利用と密接な関係を有する等の土地の有
する特性から、土地所有者には土地の適切な利用・管理に関する責務
があるとされた（土地基本法6条）。今般、不動産登記法が改正され、
所有者不明土地の発生を防止する方策の一つとして、相続による所有
権の移転が生じた場合に、その相続人等に対して、一定の期間内に、

記されることによってその目的に沿った効果が創設される登記が創設的登記である。分筆の
登記及び合筆の登記（同法39条）、建物の分割の登記、区分の登記及び合併の登記（同法
54条）等がこれにあたるが、創設的登記には、申請義務は課されない（コンメンタール
102頁参照）。

※5　鎌田薫・寺田逸郎編『別冊法学セミナー新基本法コンメンタール不動産登記法』（日本評
論社、2010）102頁。

※6　以上、中間試案169頁。

必要となる登記申請を公法上義務付けることとした（改正不登法76条の2）。

(1) 相続登記申請義務

　ア　不動産の所有権の登記名義人について相続の開始があったときは、当該相続（特定財産承継遺言（民法1014条2項）による取得を含む）により当該不動産の所有権を取得した者は、自己のために相続の開始があったことを知り、かつ、当該所有権を取得したことを知った日から3年以内に、所有権の移転の登記を申請しなければならない[7]。遺贈（相続人に対する遺贈に限る。）により所有権を取得した者も同様である[8]（改正不登法76条の2第1項）。

　イ　ア前段の規定による登記（民法900条及び901条の規定により算定した相続分に応じてされたものに限る。後記③(1)エにおいて同じ。）がされた後に遺産の分割があったときは、当該遺産の分割によって当該相続分を超えて所有権を取得した者は、当該遺産の分割の日から3年以内に、所有権の移転の登記を申請しなければならない（改正不登法76条の2第2項）[9]。

　ウ　ア及びイの規定は、代位者その他の者の申請又は嘱託により、当該各規定による登記がされた場合には、適用しない（改正不登法76条の2第3項）。

※7　遺産の分割がされた場合には、当該遺産の分割の結果を踏まえた相続登記の申請をすることで申請義務が履行されたこととなる。また、遺産の分割がされる前であっても、法定相続分での相続登記（民法900条（法定相続分）及び901条（代襲相続人の相続分）の規定により算定した相続分に応じてする相続による所有権の移転の登記をいう。以下同じ。）の申請をした場合にも、相続による所有権の移転の登記の申請義務が履行されたこととなる。さらに、後記③の登記名義人相続人である旨の申出等をした場合にも申請義務を履行したものとみなすものとする（後記③(1)イ参照）。

※8　相続人に対する遺贈による所有権の移転の登記について、登記権利者（受遺者である相続人）が単独で申請することができる旨の規律を設けることについて、後記④(1)参照。

※9　相続人である旨の申出（新不登法76条の3第1項）をした者が、その後の遺産の分割によって所有権を取得したときは、当該遺産の分割の日から3年以内に、所有権の移転の登記を申請しなければならない（後記③(1)エ参照）。

(2) **根拠**

ア　不動産登記制度は、不動産の表示及び不動産に関する権利を公示することを目的とし（不登法1条）、権利の帰属主体として登記される登記名義人は、権利能力を有する者であることが必要である。申請に係る登記をすることによって登記名義人となる者が権利能力を有しないとき（ただし、同法62条により相続等の一般承継により被承継人が登記名義人となる場合を除く。）が却下事由として定められており（同法25条13号、不動産登記令20条2号）、これに反してされた登記は、職権による登記の抹消の対象となる（不登法71条）。

イ　登記名義人が権利能力を失った場合には、権利能力を失った登記名義人が公示されている状態を是正することは、不動産登記制度が権利関係を公示するもので、現在の登記名義人は所有者であると事実上推定されることに照らすと望ましい。特に、自然人である登記名義人が死亡した場合には、登記がされないまま長期間にわたり放置されると、相続人について更なる相続が発生して権利関係が更に複雑になるため、登記と実体の乖離が固定化し、拡大するおそれが高くなる（現にこれが所有者不明土地の主要な発生要因となっている。）。

このような不動産登記制度上の各種要請や所有者不明土地問題の現状等に照らして、所有者不明土地の発生を予防するため、所有権の登記名義人（登記記録の権利部に所有者として記録されている者をいい、登記記録上の最新の所有者のことをいう。）が死亡して権利能力を失った場合には、登記名義人の相続人に対し、必要となる登記の申請について公法上の義務を課すことが相当であるとした[10]。

※ 10　中間試案の補足説明170頁。

(3) 相続登記等の申請義務違反の効果

ア (1)又は後記③(1)エの規定による申請をすべき義務がある者が正当な理由がないのにその申請を怠ったときは、10万円以下の過料に処する（改正不登法164条1項）。

イ 被相続人に相続が発生したことや被相続人が不動産を所有していること等を相続人が知らない場合については、そもそも登記申請義務に違反する状態が生じない。また、登記申請義務に形式的には違反する場合であっても、期間内に申請しなかったことにつき正当な理由があるときは、過料は課されない（改正不登法164条1項）。

「正当な理由」がある場合の例としては、①数次相続が発生して相続人が極めて多数であり、戸籍謄本等の必要な資料の収集や他の相続人の把握に時間を要するときや、②遺言の有効性が争われる訴訟が係属しているとき、③登記申請義務者に重病等の事情があったとき、④登記簿は存在しているものの、公図が現況と異なるため現地をおよそ確認することができないとき等があげられる[11]。

③ 登記名義人相続人である旨の申出等

(1) 内容

ア 改正不登法76条の2第1項の規定により所有権の移転の登記を申請する義務を負う者は、法務省令で定めるところにより、登記官に対し所有権の登記名義人について相続が開始した旨及び自らが当該所有権の登記名義人の相続人である旨を申し出ることができる（改正不登法76条の3第1項）。

イ ②(1)アに規定する期間内にアの申出をした者は、②(1)アに

規定する所有権の取得（当該申出の前にされた遺産の分割によるものを除く。）に係る所有権の移転の登記を申請する義務を履行したものとみなす（同条第2項）。

　相続人申告登記（ウ参照）については、相続による権利移転を公示するものではないから、法定相続人の一人が、法定相続人全員の氏名及び住所を調査して申出をする必要まではなく、①対象となる不動産の所有権の登記名義人について相続が開始したこと、及び②当該登記名義人の法定相続人の一人であることを申し出れば、その申出人については登記申請義務を履行したものと扱うことができる※12。

ウ　登記官は、アによる申出があったときは、職権で、その旨並びに当該申出をした者の氏名及び住所その他法務省令で定める事項を所有権の登記に付記することができる（同条3項、同法4条2項参照。以下「相続人申告登記」という。）※13。条文上「できる」と規定されているが、登記官には申出に対する応答義務があるとされている※14。

　これは、死亡した所有権の登記名義人の相続人による申出を受けて登記官がする登記であり、相続を原因とする所有権の移転の登記ではなく、所有権の登記名義人について相続が開始した旨及び自らが当該所有権の登記名義人の相続人である旨の各事実についての報告的な登記として位置付けられる※15。

　法定相続分での相続登記については、法定相続分に対応する

※12　中間試案の補足説明180頁。
※13　この場合、申出人は当該登記名義人の法定相続人であることを証する情報（その有する持分の割合を証する情報を含まない。）を提供しなければならない。具体的には、単に申出人が法定相続人の一人であることが分かる限度での戸籍謄抄本を提供すれば足り（例えば、配偶者については現在の戸籍謄抄本のみで足り、子については被相続人である親の氏名が記載されている子の現在の戸籍謄抄本のみで足りる。）、法定相続分での相続登記と同様に被相続人の出生から死亡までの全ての戸除籍謄本は必要ない。
※14　資料57、8頁。
※15　要綱17頁。

部分については対抗要件の具備が求められておらず、法定相続分の権利の取得については当然に第三者に対抗できるものとされていたため、従来から事実状態の報告としての意義が大きいとされていた。

相続人申告登記は、所有権の登記名義人に相続が発生したこと及び当該登記名義人の相続人の蓋然性のある者を報告的に公示するものであり、相続人への所有権の移転や対象となる持分については登記をしない[16]。

エ　アによる申出をした者は、その後の遺産の分割によって所有権を取得したとき（②(1)①前段の規定による登記がされた後に当該遺産の分割によって所有権を取得したときを除く。）は、当該遺産の分割の日から３年以内に、所有権の移転の登記を申請しなければならない（同条4項）。

オ　エの規定は、代位者その他の者の申請又は嘱託により、同④の規定による登記がされた場合は、適用しない（同条5項）。

(2)　趣旨

当事者間の具体的な事情によって所定の期間内に遺産分割が成立しない場合にも、相続人は、法定相続分での相続登記をすることができ、これにより単独で登記申請義務を履行することが可能である。しかし、法定相続分での相続登記の申請に当たっては、法定相続人の範囲及び法定相続分の割合を確定するために、被相続人の出生から死亡までの戸除籍謄本及び相続人であることが分かる戸籍謄抄本が必要となる[17]。

※16　相続した不動産を相続人が第三者に売却するケースでは、売買による所有権の移転の登記の前提として、別途、相続等による所有権の移転の登記を備えることが必要である。また、例えば、所有権の登記名義人（被相続人）がA、相続人がB、C及びDの3名（法定相続分は各3分の1ずつ）である場合において、Bの債権者EがBの法定相続分3分の1を差し押さえようとするときは、Bについて相続人申告登記がされているときであっても、AからB、C及びDへの法定相続分での相続登記を経た上で、Bの持分を差し押さえる旨の差押えの登記をすることになる（中間試案180頁）。

※17　甲土地の所有権の登記名義人であるAが死亡し、その法定相続人として子B及びCがいる

　また、そもそも、法定相続分での相続登記については、これをすることにより、相続分の指定があるなどのケースについても法定相続分での相続登記を強いることになる点や、具体的相続分と異なる法定相続分での相続登記を強いることになる点で、申請時点における権利関係を公示する手法としては問題もある[18]。

　そこで、法定相続分での相続登記とは別に、新たに、死亡した所有権の登記名義人の相続人が行う登記として、申出を行った法定相続人の氏名及び住所を登記するにとどめ、持分については登記しない相続人申告登記を設けることとした[19]。

④　相続登記手続の簡略化

(1)　遺贈による所有権の移転の登記手続の簡略化

　相続人に対する遺贈による所有権の移転の登記手続を簡略化するため、共同申請主義（不登法60条）の例外として、遺贈（相続人に対する遺贈に限る。）による所有権の移転の登記は、登記権利者が単独で申請することができることとした（改正不登法63条3項）。

ア　内容

　相続人[20]が受遺者である遺贈については、登記原因証明情報として遺言書等を提供させることを前提に、単独申請を認めることとした。また、相続人以外の第三者が受遺者である遺贈については、

　事例において、B及びCの法定相続分での相続登記をする場合には、被相続人Aの出生から死亡までの戸除籍謄本、相続人B及びCがAの相続人であることが分かる戸籍抄本並びにB及びCの住民票の写しを添付情報として申請することとなる。なお、その申請は、共同相続人全員（B及びC）ですることができるほか、共同相続財産の保存行為（民法252条ただし書）として共同相続人の一人（B又はC）がすることもできる（不登法63条2項）。

※18　遺言の効力が争われている場合や、他の相続人について相続の放棄がされていた場合にも、実体的な権利関係とは異なる公示がされるおそれがある。

※19　中間試案の補足説明179頁。

※20　事後的に相続人たる地位を取得することとなった者（例えば、先順位の相続人の放棄により相続人となった者や、代襲により相続人となった者）も含まれる（相続人以外の者が包括受遺者とされたケースは含まれない）。

登記原因証明情報として遺言書等が提供されることは同様であるが、被相続人の財産であった不動産の所有権の移転の登記が相続人の関与なくされることを認めると、遺贈の真正性に疑義のある事案が生じる懸念があるため、原則どおり共同申請しなければならない。

イ　趣旨

　従来不動産登記法では、遺贈による所有権の移転の登記は、原則どおり、登記権利者である受遺者と登記義務者である遺贈者の相続人との共同申請により行わなければならなかった（不登法60条）。一方、相続による所有権の移転の登記は、登記権利者が単独で申請することができ（同法63条2項）、また特定財産承継遺言による所有権の移転の登記も、相続による移転であるとして、単独で申請することができると解されていた[21]。

　共同申請による場合は、実際上、登記義務者の協力を得て、登記申請書又は委任状への登記義務者の実印の押印を得る必要やその印鑑証明書を取得する必要があるが、単独申請による場合には、これらの協力を得る必要がなく、手続としてはより簡便である。

　そこで、相続等に関する登記手続を簡略化することで相続登記を促進するとの観点から、単独申請が許容されている特定財産承継遺言と相続人が受遺者である遺贈とは機能的にも類似する部分があることや、特定財産承継遺言の場合のように登記原因証明情報として遺言書が提供されるのであればその登記の真正は同程度には担保されるということもできることなどを理由として、遺贈による所有権の移転の登記について、相続人が受遺者である場合に限り、単独で

---

[21]　遺贈による所有権の移転の登記は、特定遺贈及び包括遺贈のいずれによる場合でも、「遺贈」を登記原因として、登記権利者である受遺者と登記義務者である遺贈者の相続人との共同申請によることとされており（昭和33年4月28日付け法務省民事甲第779号民事局長回答参照）、登記原因証明情報として遺言書等を提供することとされていた。他方で、特定財産承継遺言による所有権の移転の登記は、遺言書等を登記原因証明情報として提供することにより、登記権利者である受益相続人が単独で「相続」を登記原因として申請することができることとされている（不登法63条2項）。

申請できることとした。

(2) 法定相続分での相続登記がされた場合における登記手続の簡略化

法定相続分での相続登記がされた場合における登記手続を簡略化するため、法定相続分での相続登記がされている場合において、次に掲げる登記をするときは、更正の登記によることができるものとした上で、登記権利者が単独で申請することができるものとし、これを不動産登記実務の運用により対応するものとする。

> ① 遺産の分割の協議又は審判若しくは調停による所有権の取得に関する登記
>
> ② 他の相続人の相続の放棄による所有権の取得に関する登記
>
> ③ 特定財産承継遺言による所有権の取得に関する登記
>
> ④ 相続人が受遺者である遺贈による所有権の取得に関する登記

ア 趣旨

不動産登記法では、相続開始後に、遺産分割、相続放棄及び特定財産承継遺言の内容に基づいて登記をする場合、相続による所有権の移転の登記として、登記権利者が単独で申請することができる（不登法63条2項）。一方、これまでの不動産登記法では、先に法定相続分での相続登記がされると、その後に遺産分割や相続放棄、特定財産承継遺言の内容に基づく所要の登記をする場合には、共同申請によって行わなければならず（同法60条）、煩雑であると共に、登録免許税（不動産の価額×4/1,000　登録免許税法9条別表第1第1号(2)イ）が負担になっていた。

そこで、法定相続分での相続登記をすることによるこれらの負担を軽減するため、法定相続分での相続登記がなされた後の遺産分割等の登記を更正の登記によるものとした（更正の登記の登録免許税の額は不動産1個につき1000円である（登録免許税法9条別表第

1第1号(14))。）上で、登記権利者が単独で申請することができることとした。これは、不動産登記法の改正ではなく、登記手続の運用の変更による。

イ　遺産分割による所有権の取得（更正の登記）

登記実務上、法定相続分での相続登記がされている不動産について、相続放棄の結果や特定財産承継遺言、遺贈に基づいて共有名義を単有名義にするためには、更正の登記によることができる。これは、不動産登記法2条16号にいう更正の登記の原因である「錯誤又は遺漏」とは、登記記録に本来されるべき記録の代わりに誤った記録がされている場合や記録されるべきでない記録が存する場合をいう（民法上の「錯誤」（95条）とは異なる概念。）が、相続の放棄をした者は初めから相続人とならなかったものとみなされ（同法939条）、遺言は遺言者の死亡の時からその効力を生ずる（同法985条）ため、相続放棄者等の持分に関する限り、当該登記は誤った記録がされていたものとみることができるからである。

そして、遺産分割にも遡及効があり、相続人は相続開始の時から相続財産を所有していたこととされること（民法909条本文）からすれば、法定相続分での相続登記がされている不動産について遺産分割がされたケースについては、結果的に実体に合致しない誤った記録がされており、登記事項に「錯誤又は遺漏」があったものとみることも可能である。これまでは持分の移転の登記によることとされていたが、更正の登記によることは理論的にも正当なものである[22]。

※ 22　第三者との関係について
　　甲土地について、A及びBを登記名義人とする法定相続分での相続登記がされた後、Aが自己の持分を第三者Cに売却し、その登記をしたケースにおいて、実は甲土地についてはBの単独相続とする旨の遺産分割がされていたとしても、Cが先に自己への移転登記を経由した後には、Bはその単有とする更正の登記をすることはできない。
　　また、同様に法定相続分での相続登記がされた後、Aが自己の持分について第三者Cのために抵当権を設定し、その登記をしたケースにおいて、同様にBの単独相続とする旨の遺産分割がされていたとしても、登記上の利害関係を有する第三者であるCの承諾がない限

ウ　単独申請の許容

(ア)　遺産分割の場合

　従来の不動産登記実務では、次のとおりである。

　(a)　甲土地の所有権の登記名義人であるＡが死亡し、その法定相続人として子Ｂ及びＣがいる事例において、Ｂ及びＣの法定相続分での相続登記がされないまま、Ｂ及びＣの間での甲土地をＢの単独所有とする旨の遺産分割協議に基づき登記の申請をする際には、Ａ、Ｂ及びＣの戸籍謄本等、Ｂ及びＣによる遺産分割協議書、当該遺産分割協議書に押印した申請人以外の相続人であるＣの印鑑に係る印鑑証明書並びにＢの住民票の写しを添付情報として、Ｂは、ＡからＢへの相続を原因とする所有権の移転の登記を単独で申請することができる（不登法63条2項、昭和19年10月19日付け法務省民事甲第692号民事局長通達、昭和30年4月23日付け法務省民事甲第742号民事局長通達）。

　(b)　Ｂ及びＣの法定相続分での相続登記がされた後に、Ｂが甲土地を単独で所有する旨の遺産分割協議に基づき登記の申請をする際には、ＣからＢへの持分の全部移転の登記が共同申請によりされることとなり、登記原因証明情報として遺産分割協議書、登記義務者であるＣの登記識別情報（同法22条）及び印鑑証明書（作成後3か月以内のもの。不動産登記令16条2項及び3項）並びに登記権利者であるＢの住民票の写し等を添付情報として申請を行うこととなる。

　これらに対し、法定相続分での相続登記がされている不動産について遺産の分割の結果に基づいて更正の登記を単独でするときは、例えば、遺産分割協議に基づく場合であれば、登記原因証明情報と

り、Ｂの単有とする付記登記による更正の登記をすることはできない（不登法第66条、第68条）。したがって、Ｃの承諾がない限り、更正の登記ではなく持分の全部移転の登記（主登記）によらざるを得ない（中間試案187頁）。

して、遺産分割協議書及び当該遺産分割協議書に押印した申請人以外の相続人の印鑑証明書を提供することとなる（不動産登記令別表25の項添付情報欄イ又は同表30の項添付情報欄イ。昭和30年４月23日付け法務省民事甲第742号民事局長通達等参照）。従来の取扱いと比べると、Ｃに申請書（委任状）の作成及びこれに押印した印鑑に係る作成後３月以内の印鑑証明書の提供を依頼する必要がなくなるとともに、Ｃの登記識別情報を提供する必要がなくなる点で、申請人の負担を軽減することができる。

(イ)　相続の放棄の場合

　従来の不動産登記実務では、被相続人Ａが登記名義人である甲土地について、その法定相続人であるＢ及びＣの法定相続分での相続登記が経由された後に、Ｃが相続放棄をした場合には、登記原因証明情報として、家庭裁判所の証明に係る相続放棄申述受理証明書を提供するなどして、Ｂの単独所有とする錯誤による更正の登記をＢ及びＣが共同で申請をすることとなる。

　これに対し、法定相続分での相続登記がされている不動産について相続放棄の結果に基づいて単独で更正の登記をするときは、登記原因証明情報として、相続放棄申述受理証明書を提供することとなる（不動産登記令別表25の項添付情報欄）。従来の取扱いと比べ、(ア)と同様の負担軽減を図ることができる。

(ウ)　特定財産承継遺言の場合

　従来の不動産登記実務では、法定相続分での相続登記がされた後に、特定財産承継遺言が発見された場合（甲土地の所有権の登記名義人であるＡが死亡し、Ｂ及びＣの法定相続分での相続登記がされた後に、Ｂが甲土地を単独で所有する旨の特定財産承継遺言が発見された場合）には、登記原因証明情報として遺言書（裁判所による検認が必要な場合にあっては、検認を受けたもの）を提供するなどして、Ｂの単独所有とする錯誤による更正の登記をＢ及びＣが共同

で申請をすることとなる。

　これに対し、法定相続分での相続登記がされている不動産について特定財産承継遺言に基づいて単独で更正の登記をするときは、登記原因証明情報として、遺言書（裁判所による検認が必要な場合にあっては、検認を受けたもの）を提供することとなる（不動産登記令別表25の項添付情報欄イ）。従来の取扱いと比べ、㋐と同様の負担軽減を図ることができる。

㋓　相続人が受遺者である遺贈の場合

　従来の不動産登記実務では、相続人Aが登記名義人である甲土地について、その法定相続人であるB及びCの法定相続分での相続登記がされた後に、甲土地をBに遺贈する旨の遺言書が発見されたため、この遺言によりBが甲土地について自己の単独所有とするための登記を行う場合には、錯誤による更正の登記を、B及びCの共同申請により行うものとされている（昭和37年6月28日付け法務省民事甲第1717号民事局長通達参照）。

　これに対し、法定相続分での相続登記がされている不動産について相続人が受遺者である遺贈に基づいて単独で更正の登記をするときは、登記原因証明情報として遺言書（裁判所による検認が必要な場合にあっては、検認を受けたもの）を提供することとなる（不動産登記令別表25の項添付情報欄イ）[23]。

⑤　権利能力を有しないこととなったと認めるべき所有権の登記名義人についての符号の表示

　死亡情報を取得した登記所が相続の発生を不動産登記に反映させるための方策として、住民基本台帳制度の趣旨等に留意しつつ、次のような規律を設けた。

※23　中間試案の補足説明187頁。

　登記官は、所有権の登記名義人（法務省令で定めるものに限る。）が権利能力を有しないこととなったと認めるべき場合として法務省令で定める場合には、法務省令で定めるところにより、職権で、当該所有権の登記名義人についてその旨を示す符号を表示することができる（改正不登法76条の4）。

Ⅲ　所有権の登記名義人の氏名又は名称及び住所の情報の更新

①　氏名又は名称及び住所の変更の登記の申請の義務付け

　氏名又は名称及び住所の変更の登記の申請に関し、次のような規定を設けた。

---

　①　所有権の登記名義人の氏名若しくは名称又は住所について変更があったときは、当該所有権の登記名義人は、その変更があった日から2年以内に、氏名若しくは名称又は住所についての変更の登記を申請しなければならない（改正不登法76条の5）。

　②　①の規定による申請をすべき義務がある者が正当な理由がないのにその申請を怠ったときは、5万円以下の過料に処する（改正不登法164条2項）。

---

②　職権による氏名又は名称及び住所の変更情報の不動産登記への反映

　登記官が住民基本台帳ネットワークシステム又は商業・法人登記のシステムから所有権の登記名義人の氏名及び住所についての変更の情報を取得し、これを不動産登記に反映させるため、次のような規律を設けた。

　登記官は、所有権の登記名義人の氏名若しくは名称又は住所について変更があったと認めるべき場合として法務省令で定める場合には、法務省令で定めるところにより、職権で、氏名若しくは名称又は住所についての変更の登記をする

ことができる。ただし、当該所有権の登記名義人が自然人であるときは、その申出があるときに限る（改正不登法76条の6）。

Ⅳ　他の公的機関から所有権の登記名義人の死亡情報や氏名又は名称及び住所の変更情報取得

　相続の発生や氏名又は名称及び住所の変更を不動産登記に反映させるための方策を採る前提として、登記所が住民基本台帳ネットワークシステムから所有権の登記名義人の死亡情報や氏名又は名称及び住所の変更情報を取得するため、次のような仕組みを設けることが要綱に定められた。

① 　自然人である所有権の登記名義人は、登記官に対し、自らが所有権の登記名義人として記録されている不動産について、氏名及び住所の情報に加えて、生年月日等の情報（検索用情報）※24を提供するものとする。この場合において、検索用情報は登記記録上に公示せず、登記所内部において保有するデータとして扱うものとする。

② 　登記官は、氏名、住所及び検索用情報を検索キーとして、住民基本台帳ネットワークシステムに定期的に照会を行うなどして自然人である登記名義人の死亡の事実や氏名又は名称及び住所の変更の事実を把握するものとする（要綱第2部第3（18頁〜19頁））。

　しかしながら、上記内容は改正不動産登記法には反映されず、次のような規律が設けられただけである。

※24　上記の新たな仕組みに係る規定の施行後においては、新たに所有権の登記名義人となる者は、その登記申請の際に、検索用情報の提供を必ず行うものとする。当該規定の施行前に既に所有権の登記名義人となっている者については、その不動産の特定に必要な情報、自己が当該不動産の登記名義人であることを証する情報及び検索用情報の内容を証する情報とともに、検索用情報の提供を任意に行うことができるものとする。

> 登記官は、職権よる登記をし、又は第14条第1項の地図を作成するために必要な限度で、関係地方団体の長その他の者に対し、その対象となる不動産の所有者等（所有権が帰属し、又は帰属していた自然人又は法人（法人でない社団又は財団を含む。）をいう。）に関する情報の提供を求めることができる（改正不登法151条）。

Ⅴ 登記義務者の所在が知れない場合等における登記手続の簡略化

改正不動産登記法において、以下の項目が新たに設けられた。

① 登記義務者の所在が知れない場合の一定の登記の抹消手続

(1) 除権決定による登記の抹消等

不動産登記法70条1項の登記が地上権、永小作権、質権、賃借権若しくは採石権に関する登記又は買戻しの特約に関する登記であり、かつ、登記された存続期間又は買戻しの期間が満了している場合において、相当の調査が行われたと認められるものとして法務省令で定める方法により調査を行ってもなお共同して登記の抹消の申請をすべき者の所在が判明しないときは、その者の所在が知れないものとみなして、70条1項の規定を適用する（改正不登法70条2項）。

(2) 買戻しの特約に関する登記の抹消

買戻しの特約に関する登記がされている場合において、契約の日から10年を経過したときは、不動産登記法60条の規定にかかわらず、登記権利者は、単独で当該登記の抹消を申請することができる（改正不登法69条の2）。

② 解散した法人の担保権に関する登記の抹消手続の簡略化

　登記権利者は、共同して登記の抹消の申請をすべき法人が解散し、①(1)に規定する方法により調査を行ってもなおその法人の清算人の所在が判明しないためその法人と共同して先取特権、質権又は抵当権に関する登記の抹消を申請することができない場合において、被担保債権の弁済期から30年を経過し、かつ、当該法人の解散の日から30年を経過したときは、不動産登記法60条の規定にかかわらず、単独で当該登記の抹消を申請することができる（改正不登法70条の2）。

Ⅵ　その他の変更

① 登記名義人特定に係る登記事項

　所有権の登記名義人が法人であるときは、会社法人等番号（商業登記法7条（他の法令において準用する場合を含む。）に規定する会社法人等番号をいう。）その他の特定の法人を識別するために必要な事項として法務省令で定めるものを、新たに登記事項とした（改正不登法73条の2第1項1号）。

② 外国に住所を有する登記名義人

(1) 国内における連絡先となる者の登記

　所有権の登記名義人が国内に住所を有しないときは、その国内における連絡先となる者の氏名又は名称及び住所その他の国内における連絡先に関する事項として法務省令で定めるものを新たに登記事項とした（改正不登法73条の2第1項2号）[25]・[26]。

※25　連絡先として第三者の氏名又は名称及び住所を登記する場合には、当該第三者の承諾があること、また、当該第三者は国内に住所を有するものであることを要件とする。
※26　連絡先となる者の氏名又は名称及び住所等の登記事項に変更があった場合には、所有権の登記名義人のほか、連絡先として第三者が登記されている場合には当該第三者が単独で変更の登記の申請をすることができるものとする。

　国内に居住していた所有権の登記名義人が海外に転居した場合には、住所の変更の登記の申請の義務が適用されることになるため、その申請の際に併せて国内における連絡先に関する事項も登記事項として登記の申請をすることとなる。なお、日本国内の連絡先がどうしても見つからない場合は、「連絡先なし」と登記することとなる[27]。

(2)　外国に住所を有する外国人についての住所証明情報

　外国に住所を有する外国人（法人を含む。）が所有権の登記名義人となろうとする場合に必要となる住所証明情報については、次の①又は②のいずれかとするものとする（要綱第2部第5（20頁））。

> ①　外国政府等の発行した住所証明情報
> ②　住所を証明する公証人の作成に係る書面（外国政府等の発行した本人確認書類の写しが添付されたものに限る。）

③　附属書類の閲覧制度の見直し

　登記簿の附属書類（不動産登記法121条1項の図面を除く。）の閲覧制度に関し、閲覧の可否の基準を合理化する観点等から、次のような規律を設けた。

> ①　何人も、正当な理由があるときは、登記官に対し、法務省令で定めるところにより、手数料を納付して、登記簿の附属書類（不登法121条1項の図面を除き、電磁的記録にあっては、記録された情報の内容を法務省令で定める方法により表示したもの。②において同じ。）の全部又は一部（その正当な理由があると認められる部分に限る。）の閲覧を請求することができる（改正不登法121条3項）。
> ②　①の規定にかかわらず、登記を申請した者は、登記官に対し、法務省令で定めるところにより、手数料を納付して、自己を申請人とする登記記録に係る

---

[27]　資料57、16頁。

> 登記簿の附属書類の閲覧を請求することができる（改正不登法121条4項）。

④ 所有不動産記録証明書

　相続人による相続登記の申請を促進する観点も踏まえ、自然人及び法人を対象とする制度として、次のような規律を設けた。

---

①　何人も、登記官に対し、手数料を納付して、自らが所有権の登記名義人（これに準ずる者として法務省令で定めるものを含む。後記②において同じ。）として記録されている不動産に係る登記記録に記録されている事項のうち法務省令で定めるもの（記録がないときは、その旨）を証明した書面（以下「所有不動産記録証明書」という。）の交付を請求することができる（改正不登法119条の2第1項）。

②　所有権の登記名義人について相続その他の一般承継があったときは、相続人その他の一般承継人は、登記官に対し、手数料を納付して、当該所有権の登記名義人の所有不動産記録証明書（仮称）の交付を請求することができる（同条2項）。

③　①及び②の交付の請求は、法務大臣の指定する登記所の登記官に対し、法務省令で定めるところにより、することができる（同条3項）。

④　不登法119条3項及び4項の規定は、所有不動産記録証明書の手数料について準用する。

---

⑤ 被害者保護のための住所情報の公開について

　不登法119条に基づく登記事項証明書の交付等に関し、新たに次のような規律を設けた。

　登記官は、不動産登記法119条1項及び2項の規定にかかわらず、登記記録に記録されている者（自然人であるものに限る。）の住所が明らかにされることにより、人の生命若しくは身体に危害を及ぼすおそれがある場合又はこれに準ずる程度に心身に有害な影響を及ぼすおそれがあるものとして法務省令で定める場合において、その者からの

申出があったときは、法務省令で定めるところにより、同条１項及び２項に規定する各書面に当該住所に代わるものとして法務省令で定める事項を記載しなければならない（改正不登法119条6項）。

［堀江　泰夫］

第 *4* 章

今後の課題

知的財産権の共有への影響

Ⅰ 著作権の共有に関する問題点

① 知的財産権と共有

　知的財産権についても、共同開発・創作、持分の譲渡、相続といった事象が生じた場合、「数人で所有権以外の財産権を有する場合」（民法264条）として準共有にあたり、共有に関する民法249条以下の規定が準用されることとなる。

　もっとも、知的財産権には様々な権利があり、その性質によって取扱いが異なる。知的財産権の中でも代表的な特許権と著作権では、共有者による利用について、次のように取扱いが異なる。

　まず、特許法では、「特許権の共有者は、契約で別段の定めがない限り他の共有者の合意なしに無制限に自己実施できる（特許法73条2項）[1]」とされている。これに対し、著作権の利用については、自ら行使する場合を含め、共有者全員の合意を得ることが必要とされており（著作権法65条2項）、単独による行使は制限されている。

　以下では、共有に関する制限がより強く、共有に起因する問題が生じやすいと考えられる著作権を対象として、共有に関する規定・解釈・問題点について説明した後に、仮に共有に関する法改正が著作権

----

[1]　参考　特許法73条の条文

> （共有に係る特許権）
> 特許法第73条　特許権が共有に係るときは、各共有者は、他の共有者の同意を得なければ、その持分を譲渡し、又はその持分を目的として質権を設定することができない。
> 2　特許権が共有に係るときは、各共有者は、契約で別段の定をした場合を除き、他の共有者の同意を得ないでその特許発明の実施をすることができる。
> 3　特許権が共有に係るときは、各共有者は、他の共有者の同意を得なければ、その特許権について専用実施権を設定し、又は他人に通常実施権を許諾することができない。

に適用された場合を想定して、その影響について検討を進める。

② 著作権に関する現行の規定と解釈

(1) 著作権法65条

著作権は、「思想又は感情を創作的に表現したものであって、文芸、学術、技術又は音楽の範囲に属するもの」とされている（著作権法2条1項1号）。

著作権については、共同著作物（二人以上の者が共同して創作した著作物であって、その各人の寄与を分離して個別的に利用することができないもの）（著作権法2条1項12号）に該当する場合、著作物の持分が譲渡された場合や、相続が生じた場合には、共有関係が生じることとなる。

前述のように、著作権の共有関係が生じた場合、準共有となり、共有に関する民法249条以下の規定が準用されるが、著作権の性質の特殊性等から、著作権法では、準共有に関する規定の特則として、65条が定められている。なお、同条4項の規定は、著作者人格権の行使について定めるものである（同法64条3項及び4項参照[※2]）。

（共有著作権の行使）

第65条　共同著作物の著作権その他共有に係る著作権（以下この条において「共有著作権」という。）については、各共有者は、他の共有者の同意を得なければ、その持分を譲渡し、又

※2　参考　著作権法64条の条文

（共同著作物の著作者人格権の行使）
第64条　共同著作物の著作者人格権は、著作者全員の合意によらなければ、行使することができない。
2　共同著作物の各著作者は、信義に反して前項の合意の成立を妨げることができない。
3　共同著作物の著作者は、そのうちからその著作者人格権を代表して行使する者を定めることができる。
4　前項の権利を代表して行使する者の代表権に加えられた制限は、善意の第三者に対抗することができない。

　は質権の目的とすることができない。

2　共有著作権は、その共有者全員の合意によらなければ、行使
　することができない。

3　前二項の場合において、各共有者は、正当な理由がない限り、
　第一項の同意を拒み、又は前項の合意の成立を妨げることがで
　きない。

4　前条第三項及び第四項の規定は、共有著作権の行使について
　準用する。

　また、著作法では、著作者人格権の行使に関する規定（64条）や、
共同著作物等の権利侵害に関する規定（117条）※3が置かれている。

(2)　民法の共有規定と著作権法の規定の違い

　民法の共有規定と著作権法の規定の違いについては、「民法の共
　有規定は、持分譲渡の自由を含め、共有者間の合意が整わない場合
　にただちに共有関係を解消せしめることをもって、対処することを
　基本とする個人主義的色彩の強い規定となっている。これに対し
　て、著作権法は、共有著作物の創作意図及び共有著作物の一体的行
　使の観点、あるいは一般財産との対比における著作物利用の性質の
　特殊性の観点から」、著作権法65条により、「共有著作権の処分・
　行使に関し、民法上の準共有（民法264条）に関する規定（民法
　249条以下）の一部の適用を排除し、持分の譲渡等についての他の
　共有者の同意、著作権行使についての全員の合意、代表者による著

※3　参考　著作権法117条の条文

（共同著作物等の権利侵害）
第117条　共同著作物の各著作者又は各著作権者は、他の著作者又は他の著作権者の同意
　を得ないで、第百十二条の規定による請求又はその著作権の侵害に係る自己の持分に対
　する損害の賠償の請求若しくは自己の持分に応じた不当利得の返還の請求をすることが
　できる。
2　前項の規定は、共有に係る著作権又は著作隣接権の侵害について準用する。

作権行使などを定めたものである」と説明されている（小倉秀夫ほか編『著作権法コンメンタール〈改訂版〉II』（第一法規、2020）533頁〔林いづみ〕）。

◆ 著作権法と民法の規定との比較

	著作権法	民法（令和3年法改正前）
人格権の行使	全員の合意が必要（第64条）※信義に反して、合意の成立を妨げることができない。	－
共有持分の割合の推定	（＊）	各共有者の持分は相等しいものと推定（第250条）
持分の譲渡又は質権の設定	全員の同意が必要（第65条第1項）※正当な理由がない限り、同意の成立を妨げることができない。	（持分の譲渡は自由とされている。）
持分の放棄及び共有者の死亡	（＊）	当該持分は他の共有者に帰属（第255条）
権利の行使	全員の合意が必要（第65条第2項）※正当な理由がない限り、合意の成立を妨げることができない。	【管理】持分の価格に従い、その過半数で決する（第252条）。ただし、保存行為は単独で行使可能（同条ただし書き）。その他、民法249条（共有物の使用）、251条（共有物の変更）、253条（共有物に関する負担）、254条（共有物についての債権）
共有物の分割	（＊）	各共有者はいつでも請求できる（第256条）
差止請求	単独請求可（第117条）	単独請求可（第252条但書）
損害賠償	持分に応じて単独請求可（第117条）	持分に応じて単独請求可

（＊） 共有著作権の性質に適合する範囲内において民法の共有に関する規定が働くこととなる。

（出典）文化審議会著作権分科会報告書掲載の表を、筆者が一部加工

以下、著作権の共有に関連する考え方に関し、主な内容を説明する[4]。

(3) 共同著作物の著作者人格権の行使（64条）について

「共同著作物には、各著作者の人格的利益が融合しており、各著作者が個別に著作者人格権を行使することは適切ではない」（作花文雄『詳解著作権法〔第5版〕』（ぎょうせい、2018））ことから、共同著作物の著作者人格権は、著作者全員の合意によらなければ、行使することができないとされている（著作権法64条1項）。そして、信義に反して前項の合意の成立を妨げることはできないとされており（同条2項）、裁判で民事執行法第174条の規定による合意判決を得て、著作者人格権を行使することも可能である。もっとも、後述のように、第三者による著作者人格権侵害に対して権利を保全するような行為は各人で行うことができる（著作権法117条第1項）。

また、共同著作物の著作者は、そのうちからその著作者人格権を代表して行使する者を定めることができるとされている（同法64条3項）。

(4) 共同著作権の行使（65条）について

共有著作権の行使に関する合意の成立を拒むことができる「正当な理由」（著作権法65条3項）をどのように考えるか。

「正当な理由」があると考えられる事情の例として、「①複製の許諾を与えようとする出版社の財政状態が良くないから印税支払いが焦げ付くおそれがある、②放送の許諾を与えようとする放送局との間にはトラブルがあるから紛争解決するまで利用させたくない、③持分の譲受人が信用のおけない人物である」場合があげられており、そういった特殊な説明のつかない限りは、同意を拒んだり、合意の成立を拒むことはできないとされている（加戸守行『著作権法

※4　内容について、「文化審議会著作権分科会報告書」（平成19年1月、文化審議会著作権分科会）を参考。

逐条講義第6訂新版』（著作権情報センター、2013））。

　「正当な理由」に関する主な3つの判例を次に紹介する。

---

①　静かな焔事件（大阪地判平成4年8月27日判タ811号196頁）

　闘病記として出版された書籍の一部が死亡した者とその婚約者の共同著作物とされた事案。判決は、一方の共有者が合意成立のための協議もしないまま、出版の許諾をした等の事情がある場合に、他の共有者に合意を拒む「正当な理由」があるとされた。

②　童話映画事件（東京高判平成12年4月19日平11（ネ）6004号事件）

　破産管財人である原告が、破産者が被告と共有していた著作物に関する著作権の共有持分を第三者に譲渡しようとしたところ、被告が譲渡に対する同意を拒んだため、原告が、被告に対し、同意を求めた事案。判決は、一方の共有者が、他の共有者の合意を得るための努力をしなかったことが合意拒否の「正当な理由」となることがありうるとしても、他の共有者側も必要な協力をすることが求められ、「持分譲渡をしようとする共有著作権者に要求される努力の内容・程度は、他の共有者におけるこのような協力の有無・程度と相対的な関係をもって定まるものと解するのが相当」とした（結論として、「正当な理由」があるとは認められなかった）。

③　経済学書籍事件（東京地判平成12年9月28日コピライト477号52頁）

　原告が、原告と被告が執筆した別紙目録記載の著作物について、被告が正当な理由なく本件書籍の増刷出版及び本件書籍の韓国語での出版を拒んでいると主張して、本件書籍の共有著作権に基づき、被告に対し本件書籍の増刷出版及び韓国語での出版についての合意（著作権法65条）を求めた事案。判決は、諸般の事情を比較考量した上で、一方の共有者が権利行使できない不利益を考慮してなお、行為を望まない他の共有者の利益を保護する事情がある場合に「正当な理由」があるとした。

(5) 共同著作物等の権利侵害（第117条）について

　著作権法117条1項では、「共同著作物の各著作者又は各著作権者は、他の著作者又は他の著作権者の同意を得ないで、第112条の規定による請求又はその著作権の侵害に係る自己の持分に対する損害の賠償の請求若しくは自己の持分に応じた不当利得の返還の請求をすることができる」とされ、同条2項で、共有に係る著作権についても準用されている。　共有する財産権が侵害された場合には、各共有者が単独で損害賠償請求等をすることが可能であり、著作権の場合でも異ならないことを、確認した規定と解されている。なお、著作者人格権が侵害された場合に、各著作権者が単独で慰謝料請求等ができるか、それとも著作者全員が共同で行使する必要があるかは条文上明確ではなく、議論がある。

③　著作権の共有に関する問題点と検討

(1)　問題点

ア　報告書の記載

　「文化審議会著作権分科会報告書」（平成19年1月、文化審議会著作権分科会）では、共有著作権に係る制度の整備について検討され、共有著作権に関して具体的には次の点が検討された。以下では、同報告書の内容について説明していく。

> 「①共有者の1人［1社］が居所不明等により合意等が得られない場合の方策
>
> 　共有者の1人が居所不明等により合意等が得られない場合の方策について
>
> ②共有著作権の行使に係る持分割合による多数決原理の導入
>
> 　民法と同様、持分割合による多数決原理を導入することについて

③共有著作権の譲渡について、他の共有者が不同意の場
合に譲渡人を保護する方策
　他の共有者の同意が得られなかった譲渡人の保護の方
策について
④共有者による共有著作物の「使用」
　共有者による、共有物であるソフトウェアを基礎とし
た新たな研究開発等における「使用」の取扱いについて」

イ　ソフトウェア著作権の共有に関する検討

　分科会の資料には「ソフトウェア著作権の共有に係る実務上の
課題」（日本知的財産協会デジタルコンテンツ委員会）があり、
主にソフトウェア著作権に着眼した議論がされたようである。

　同資料では、「共有著作権の行使に係る合意要件がもたらす影
響」について、「一般の著作物を、著作権者自らが使用する目的
である場合への影響は小さい。しかし、ソフトウェアを、著作権
者自らが使用する目的の場合への影響は大きくなる。このため、
ソフトウェアの活用が阻害され、実務的な問題に発展する」との
言及のほか、ソフトウェア開発又は研究のために複製、変更等を
行うことやソフトウェアを活用するために複製、変更等を行うこ
とが支分権の実現に当たり、共有者全員の合意が必要であるた
め、各共有者自身における円滑な活用を妨げる要因となっている
と指摘されている。

　具体的な問題として、①ソフトウェア開発委託により発生する
著作権の帰属、②共同研究開発により作成されるソフトウェアの
著作権の帰属、③大学等との共同研究開発により作成されるソフ
トウェアの著作権の帰属の3つの事例が説明されている。

　上記のうち、「②共同研究開発により作成されるソフトウェアの著

作権の帰属」を例とすると、次の説明がされている。

　「ソフトウェアの著作権は、共有特許権の取扱い（※自己実施は可／他人への実施許諾は要同意）への考え方に準じることで折り合うことが多い。

　知的財産権として共通的に扱うことができるとの認識が強く、次のような契約対応がとられる。

> ・特許権と著作権の取扱いに関する条文を、一本化して規定する。
> ・著作権の条文は、特許権の条文を準用する旨のみ規定する。

　著作物の「使用」は、特許の「実施」に比べて限定的な概念であり、この差異による混乱が起きている。また、「自己実施」を、著作権制度に適用しようとした場合の考え方が安定しておらず、正確な契約が作りにくい。とりわけソフトウェアは、「著作権者自らが使用する」ことを目的とした権利行使をしたいケースが多く、影響が大きくなりやすい」。

　実態については、「業界を問わず、特許権は研究開発成果として重視される。契約では、特許権の取扱いを中心とした検討が進み、契約条文が作られる」と指摘されている。

　また、課題として、「特許権と著作権で共有時の権利行使に係る考え方の差が大きく、混乱が生じやすい。とりわけ、ソフトウェアは、自らが使用することを目的とした、権利行使の必要性が大きく、上述の混乱が実務に与える影響が大きい」との指摘がある。

　さらに、契約実務の限界について、「著作物の使用と、特許の実施と比較しての、実務上の考え方が安定しておらず、正確な契約が難しい」とされている。

　なお、上記で言及されている特許権の実施と著作物の使用の法律上の取扱いの違いについては、現在は、平成 19 年当時に比べると、問題意識が一般に共有され、意識改善がされているものと考えられる。

(2) 「文化審議会著作権分科会報告書」（平成19年1月）」における
　　結論

　上記「文化審議会著作権分科会報告書」では、検討の結果として、次の結論が記載されている。

　「現行法が当該行為（権利の行使等）について、権利者全員の合意又は同意を要求していることに関係する課題である。現行法は、共同著作者の創作意図及び権利の目的物たる著作物の一体性の確保等から、民法上の共有理論をそのまま適用することは適当でないとして、その権利の行使等についても権利者全員の合意又は同意を必要としているところである。共有に係る権利の取扱いについては、共有者間における契約で定めることができる場合が多い。今回、ヒアリングを行ったソフトウェアの共同開発等や製作委員会方式においても、権利関係についてあらかじめ契約で定める場合が多く、また、権利関係の明確化の観点からも個々のケースに応じて契約で処理することが望ましいと考えられる。以上の立法趣旨及び実務における取扱いにかんがみた場合、契約によって対応できないような問題が生じているとまでは言えず、また、任意規定である現行著作権法の規定が実務の妨げになるものではなく、課題が生じているとしても、それらは契約実務上の課題として位置づけられるものである。したがって、共有の扱いに関しては、民法の規定に基づく分割請求の活用も含め、現行法の枠組みや契約で対応することが適切であり、現時点において緊急に著作権法上の措置を行う必要性は生じていないと考えられる」。

　結論として法改正等の対応はなされず、現在（令和3年3月）に至るまで法改正はされていない。

(3) 現在における問題点

　現在でも、平成19年時点から、共有著作権に関する法解釈に大きな変更はないものと考えられる。

　もっとも、著作権は、原則として、著作者の死後（共同著作物に当たっては、最終に死亡した著作者の死後）70年を経過するまでの間、存続するとされており（2018年12月30日施行に施行された、著作権法51条2項）、現在でも孤児著作物の問題は大きいことに加え、インターネット上における著作物の増大と相まって、所有権不明土地と同様に、著作権者不明著作権が大量に発生する可能性がある。さらに、著作権者が明らかであっても、遺産相続で紛争が生じた場合に、相続人の一部が、自分に不利となっても、他の相続人に利益を得させたくないと考える事例も珍しくはなく、今後問題が増えていくことが想定される。そのうえ、権利の長期化に伴う相続の増加や人間関係の希薄化により、一部共有持分者が行使に関する合意を拒否することも考えられ、この場合、合意を得るための訴訟を提起するコストを考え、行使を断念するといった事態が生じる可能性もある。

　なお、個人的見解で立法論の問題であるが、そもそも著作権者の死後70年もの長期間にわたって著作権を保護することが本当に文化の発展に寄与するのか、デジタル化が進む中で、かえって著作の利用の範囲が制限され、文化の発展を阻害するのではないかという疑問がある。

Ⅱ 仮に、共有に関する法改正が著作権に適用された場合における影響

① 著作権存続期間の長期化等による共有著作権の発生

　共有に関する改正については、所有者不明土地に対応することを目的としており、著作権の共有関係については、基本的には影響がないものと考えられる。もっとも、実務上でも、相続の発生を想定して契約上の手当てがされているケースは限られており、検討は有益と考えられる。

　以下では、頭の体操として、仮に改正された内容がそのまま適用された場合にどのような問題が生じるのかを、著作者人格権の行使、共有持分の割合の推定、持分の放棄及び共有者の死亡、権利の行使、所在等不明共有者の持分、その他に分けて検討する。

② 著作者人格権の行使

　著作者人格権（著作権法64条）は、行使著作権法に特有の概念であり、民法の適用はないとされており、民法改正による影響はない。

③ 共有持分の割合の推定

　共有持分の割合の推定については、民法898条2項で「相続財産について共有に関する規定を適用するときは、第900条から第902条までの規定により算定した相続分をもって各相続人の共有持分とする」との規定がおかれたが、民法改正による影響はない。

④ 持分の放棄及び共有者の死亡

　民法改正による影響はない。

⑤　権利の行使

　権利の行使については、著作権法65条2項による制限があり、実際には、以下の規定の適用は制限されることとなる。繰り返しになるが、以下では、仮に改正法の規定が直接に適用された場合を想定して、共有著作物の利用にどのような影響があるかを検討していく。

(1)　共有物の使用

　（共有物の使用）

　第249条　各共有者は、共有物の全部について、その持分に応じた使用をすることができる。

　2　共有物を使用する共有者は、別段の合意がある場合を除き、他の共有者に対し、自己の持分を超える使用の対価を償還する義務を負う。

　3　共有者は、善良な管理者の注意をもって、共有物の使用をしなければならない。

　1項によると、共有者それぞれが、著作権を行使することが可能となり、「共有著作物の創作意図及び共有著作物の一体的行使の観点、あるいは一般財産との対比における著作物利用の性質の特殊性の観点」が損なわれる可能性がある。

　もっとも、次に述べるように、共有物に変更を加えることはできないとされており、民法251条1項の「変更」に当たる対象を広く解すれば、支障はないとも考えられる。

　2項は、1項の規定があることを前提とすると当然の規定であり、一部の共有者が利益を独占するという事態を防止するために有益な方策と考えられる。

(2)　共有物の変更

（共有物の変更）

第251条　各共有者は、他の共有者の同意を得なければ、共有物に変更（その形状又は効用の著しい変更を伴わないものを除く。次項において同じ。）を加えることができない。

2　共有者が他の共有者を知ることができず、又はその所在を知ることができないときは、裁判所は、共有者の請求により、当該他の共有者以外の他の共有者の同意を得て共有物に変更を加えることができる旨の裁判をすることができる。

　第三者との間で著作権を対象とした契約を締結してすること、例えば、出版社に出版の許諾を与えることは、印税の額など他の共有者の権利関係にも大きな影響を与えることとなることを重視すると、「共有物に変更を加えること」に該当すると解される。もっとも、出版の許諾に過ぎず、著作権そのものに変更がないことからすると、「共有物に変更を加えること」に当たらないとも解される。これに対し、著作権を自ら利用する場合には、「共有物に変更を加えること」には該当しないと解することは可能であろう。このように考えると、1項の対象範囲の理解によっては、民法を適用しても、大きな問題はないと考えられる。

　2項を適用することは、著作権の存続期間の長期化に伴う相続事案の複雑化などを考えると、合理的であろう。なお、著作権法上、著作権者等不明の場合には、裁定制度（同法67条以下）を利用することで適法に利用することができるとされており、同法と重複する部分が生じることとなる。

(3) 共有物の管理

（共有物の管理）

第252条　共有物の管理に関する事項（次条第一項に規定する共有物の管理者の選任及び解任を含み、共有物に前条第一項に規定する変更を加えるものを除く。次項において同じ。）は、各共有者の持分の価格に従い、その過半数で決する。共有物を使用する共有者があるときも、同様とする。

2　裁判所は、次の各号に掲げるときは、当該各号に規定する他の共有者以外の共有者の請求により、当該他の共有者以外の共有者の持分の価格に従い、その過半数で共有物の管理に関する事項を決することができる旨の裁判をすることができる。

一　共有者が他の共有者を知ることができず、又はその所在を知ることができないとき。

二　共有者が他の共有者に対し相当の期間を定めて共有物の管理に関する事項を決することについて賛否を明らかにすべき旨を催告した場合において、当該他の共有者がその期間内に賛否を明らかにしないとき。

3　前二項の規定による決定が、共有者間の決定に基づいて共有物を使用する共有者に特別の影響を及ぼすべきときは、その承諾を得なければならない。

4　共有者は、前三項の規定により、共有物に、次の各号に掲げる賃借権その他の使用及び収益を目的とする権利（以下この項において「賃借権等」という。）であって、当該各号に定める期間を超えないものを設定することができる。

一　樹木の栽植又は伐採を目的とする山林の賃借権等 10年

二　前号に掲げる賃借権等以外の土地の賃借権等 5年

> 三　建物の賃借権等３年
>
> 四　動産の賃借権等６箇月
>
> 5　各共有者は、前各項の規定にかかわらず、保存行為をする
> ことができる。

　1項について、変更に至らない行為であれば、著作権の行使に大きな影響を与えることはないと考えられ、過半数で決することは合理的と考えられる。もっとも、どのような場合に変更にいたらないといえるかが問題となる。特に、「共有物の管理」については、共有物の現状を維持し、これを利用し、さらに改良してその価値を高めることを意味するとされているところ、著作物法上は、改良行為であっても無断で行うことは権利侵害に当たるとされており、注意が必要となる。3項でも、「共有者間の決定に基づいて共有物を使用する共有者に特別の影響を及ぼすべきとき」は、承諾が必要とされている。

　また、著作権についても当然ながら管理する必要があり、管理に関する定めを置くことは有益である。もし、特別に不都合な事情などがあれば、任意の取決めを置くことも可能である。

　4項は、不動産や動産などの使用及び収益を目的とする権利を対象としており、著作権は対象に含まれないと解される。

(4)　共有物の管理者

> （共有物の管理者）
>
> 第252条の2　共有物の管理者は、共有物の管理に関する行為
> をすることができる。ただし、共有者の全員の同意を得な
> ければ、共有物に変更（その形状又は効用の著しい変更を
> 伴わないものを除く。次項において同じ。）を加えることが

できない。

2　共有物の管理者が共有者を知ることができず、又はその所在を知ることができないときは、裁判所は、共有物の管理者の請求により、当該共有者以外の共有者の同意を得て共有物に変更を加えることができる旨の裁判をすることができる。

3　共有物の管理者は、共有者が共有物の管理に関する事項を決した場合には、これに従ってその職務を行わなければならない。

4　前項の規定に違反して行った共有物の管理者の行為は、共有者に対してその効力を生じない。ただし、共有者は、これをもって善意の第三者に対抗することができない。

　著作権についても、共有物の管理者が共有物の管理に関する行為をすることができることは合理的である。

　また、2項では、「共有者を知ることができず、又はその所在を知ることができないとき」に、裁判所が「共有物の管理者の請求により、当該共有者以外の共有者の同意を得て共有物に変更を加えることができる旨の裁判をすることができる」とされており、著作権についても、共有著作権者の行方が不明な場合に利用することは有益であろう。もっとも、裁定制度（著作権法67条）との整理は検討する必要がある。

(5)　共有物の分割

（裁判による共有物の分割）

第258条　共有物の分割について共有者間に協議が調わないとき、又は協議をすることができないときは、その分割を裁判所に請求することができる。

2　裁判所は、次に掲げる方法により、共有物の分割を命ずることができる。

　　一　共有物の現物を分割する方法

　　二　共有者に債務を負担させて、他の共有者の持分の全部又は一部を取得させる方法

3　前項に規定する方法により、共有物を分割することができないとき、又は分割によってその価格を著しく減少させるおそれがあるときは、裁判所は、その競売を命ずることができる。

4　裁判所は、共有物の分割の裁判において、当事者に対して、金銭の支払、物の引渡し、登記義務の履行その他の給付を命ずることができる。

第258条の2　共有物の全部又はその持分が相続財産に属する場合において、共同相続人間で当該共有物の全部又はその持分について遺産の分割をすべきときは、当該共有物又はその持分について前条の規定による分割をすることができない。

2　共有物の持分が相続財産に属する場合において、相続開始の時から十年を経過したときは、前項の規定にかかわらず、相続財産に属する共有物の持分について前条の規定による分割をすることができる。ただし、当該共有物の持分について遺産の分割の請求があった場合において、相続人が当該共有物の持分について同条の規定による分割をすることに異議の申出をしたときは、この限りでない。

3　相続人が前項ただし書の申出をする場合には、当該申出は、当該相続人が前条第一項の規定による請求を受けた裁判

所から当該請求があった旨の通知を受けた日から二箇月以内
に当該裁判所にしなければならない。

　著作権の共有持分の分割については、「著作権の共有持分は財産
権であり、かつ団体的制約を受ける性質のものではないので分割請
求が可能であって（民256条1項）、65条による解決ができない場
合には分割請求で問題を処理すべきであろう。著作権の一部譲渡が
可能である以上（61条1項）、理論的には現物分割もあり、例えば
支分権ごとに分割するということも可能であるが、現実的には代金
分割又は価格賠償による分割請求をすることになろう。価格分割は
事実上の買取請求に近い処理であり、かつ他の共有者にとって好ま
しくない者が共有関係に入ることを防ぎ、更には脱退する共有者は
持分に応じた金銭を受け取ることができることになる」とされてい
る（中山信弘『著作権法〔第3版〕』（有斐閣、2020））。

　競売による処分については、第三者が権利関係に入ることで共有
著作物の一体的行使の観点から好ましくない事態を生じるおそれが
あるため、実施されるのは、そのようなおそれがない特別な事情が
ある場合に限定されると考えられる。

⑥　所在等不明共有者の持分

　所在等不明共有者の持分の取得に関する民法262条の2、所在等不
明共有者の持分の譲渡に関する同条の3については、対象が不動産に
前提されており、著作権には適用されない。

⑦　その他

　共有持分権者による差止請求、損害賠償については、今回の改正に
よる影響はないと考えられる。

Ⅲ　ま　と　め

　前記Ⅱ「仮に、共有に関する改正が適用される場合における影響」については、表題の通り、仮の議論ではあるが、今後、著作権の存続期間の長期化に伴って持分の共有が進むことが見込まれることなどからすると、今回の民法改正に関連して著作権法65条の改正が必要であるかなどについて改めて検討をすることは有益と考えられる。

［渡邊　涼介］

第 5 章

資 料

■民法等の一部を改正する法律新旧対照条文 　　　（傍線部分は改正部分）

❶ 民法（明治29年法律第89号）（第1条関係）

改　正　法	現　行
目次 　第二編　（略） 　　第三章　（略） 　　　第三節　共有（第249条―第264条） 　　　第四節　所有者不明土地管理命令及び所有者不明建物管理命令　　　（第264条の2―第264条の8） 　　　第五節　管理不全土地管理命令及び管理不全建物管理命令　　　（第264条の9―第264条の14）	目次 　第二編　（同上） 　　第三章　（同上） 　　　第三節　共有（第249条―第264条）
（隣地の使用） 第209条　土地の所有者は、次に掲げる目的のため必要な範囲内で、隣地を使用することができる。ただし、住家については、その居住者の承諾がなければ、立ち入ることはできない。 　一　境界又はその付近における障壁、建物その他の工作物の築造、収去又は修繕 　二　境界標の調査又は境界に関する測量 　三　第233条第3項の規定による枝の切取り 　2　前項の場合には、使用の日時、場所及び方法は、隣地の所有者及び隣地を現に使用している者（以下この条において「隣地使用	（隣地の使用請求） 第209条　土地の所有者は、境界又はその付近において障壁又は建物を築造し又は修繕するため必要な範囲内で、隣地の使用を請求することができる。ただし、隣人の承諾がなければ、その住家に立ち入ることはできない。 （新設） （新設） （新設） （新設）

者」という。）のために損害が最も少ないものを選ばなければならない。	
3　第1項の規定により隣地を使用する者は、あらかじめ、その目的、日時、場所及び方法を隣地の所有者及び隣地使用者に通知しなければならない。ただし、あらかじめ通知することが困難なときは、使用を開始した後、遅滞なく、通知することをもって足りる。	（新設）
4　第1項の場合において、隣地の所有者又は隣地使用者が損害を受けたときは、その償金を請求することができる。	2　前項の場合において、隣人が損害を受けたときは、その償金を請求することができる。
（継続的給付を受けるための設備の設置権等） 第213条の2　土地の所有者は、他の土地に設備を設置し、又は他人が所有する設備を使用しなければ電気、ガス又は水道水の供給その他これらに類する継続的給付（以下この項及び次条第1項において「継続的給付」という。）を受けることができないときは、継続的給付を受けるため必要な範囲内で、他の土地に設備を設置し、又は他人が所有する設備を使用することができる。	（新設）
2　前項の場合には、設備の設置又は使用の場所及び方法は、他の土地又は他人が所有する設備（次項において「他の土地等」という。）のために損害が最も少ないものを選ばなければならない。	
3　第1項の規定により他の土地に設備を設置し、又は他人が所有する設備を使用する者は、あ	

らかじめ、その目的、場所及び方法を他の土地等の所有者及び他の土地を現に使用している者に通知しなければならない。

4　第1項の規定による権利を有する者は、同項の規定により他の土地に設備を設置し、又は他人が所有する設備を使用するために当該他の土地又は当該他人が所有する設備がある土地を使用することができる。この場合においては、第209条第1項ただし書及び第2項から第4項までの規定を準用する。

5　第1項の規定により他の土地に設備を設置する者は、その土地の損害（前項において準用する第209条第4項に規定する損害を除く。）に対して償金を支払わなければならない。ただし、一年ごとにその償金を支払うことができる。

6　第1項の規定により他人が所有する設備を使用する者は、その設備の使用を開始するために生じた損害に対して償金を支払わなければならない。

7　第1項の規定により他人が所有する設備を使用する者は、その利益を受ける割合に応じて、その設置、改築、修繕及び維持に要する費用を負担しなければならない。

第213条の3　分割によって他の土地に設備を設置しなければ継続的給付を受けることができない土地が生じたときは、その土地の所有者は、継続的給付を受けるため、他の分割者の所有地

（新設）

のみに設備を設置することができる。この場合においては、前条第5項の規定は、適用しない。

2 前項の規定は、土地の所有者がその土地の一部を譲り渡した場合について準用する。

（竹木の枝の切除及び根の切取り）

第233条 土地の所有者は、隣地の竹木の枝が境界線を越えるときは、その竹木の所有者に、その枝を切除させることができる。

2 前項の場合において、竹木が数人の共有に属するときは、各共有者は、その枝を切り取ることができる。

3 第1項の場合において、次に掲げるときは、土地の所有者は、その枝を切り取ることができる。

一 竹木の所有者に枝を切除するよう催告したにもかかわらず、竹木の所有者が相当の期間内に切除しないとき。

二 竹木の所有者を知ることができず、又はその所在を知ることができないとき。

三 急迫の事情があるとき。

4 （略）

（共有物の使用）

第249条 （略）

2 共有物を使用する共有者は、別段の合意がある場合を除き、他の共有者に対し、自己の持分を超える使用の対価を償還する義務を負う。

3 共有者は、善良な管理者の注意をもって、共有物の使用をしなければならない。

（竹木の枝の切除及び根の切取り）

第233条 隣地の竹木の枝が境界線を越えるときは、その竹木の所有者に、その枝を切除させることができる。

（新設）

（新設）

2 （同上）

（共有物の使用）

第249条 （同上）

（新設）

（新設）

（共有物の変更）

第251条　各共有者は、他の共有者の同意を得なければ、共有物に変更（その形状又は効用の著しい変更を伴わないものを除く。次項において同じ。）を加えることができない。

2　共有者が他の共有者を知ることができず、又はその所在を知ることができないときは、裁判所は、共有者の請求により、当該他の共有者以外の他の共有者の同意を得て共有物に変更を加えることができる旨の裁判をすることができる。

（共有物の管理）

第252条　共有物の管理に関する事項（次条第1項に規定する共有物の管理者の選任及び解任を含み、共有物に前条第1項に規定する変更を加えるものを除く。次項において同じ。）は、各共有者の持分の価格に従い、その過半数で決する。共有物を使用する共有者があるときも、同様とする。

2　裁判所は、次の各号に掲げるときは、当該各号に規定する他の共有者以外の共有者の請求により、当該他の共有者以外の共有者の持分の価格に従い、その過半数で共有物の管理に関する事項を決することができる旨の裁判をすることができる。

一　共有者が他の共有者を知ることができず、又はその所在を知ることができないとき。

二　共有者が他の共有者に対し相当の期間を定めて共有物の

（共有物の変更）

第251条　各共有者は、他の共有者の同意を得なければ、共有物に変更を加えることができない。

（新設）

（共有物の管理）

第252条　共有物の管理に関する事項は、前条の場合を除き、各共有者の持分の価格に従い、その過半数で決する。ただし、保存行為は、各共有者がすることができる。

（新設）

管理に関する事項を決することについて賛否を明らかにすべき旨を催告した場合において、当該他の共有者がその期間内に賛否を明らかにしないとき。

3　前2項の規定による決定が、共有者間の決定に基づいて共有物を使用する共有者に特別の影響を及ぼすべきときは、その承諾を得なければならない。　　（新設）

4　共有者は、前3項の規定により、共有物に、次の各号に掲げる賃借権その他の使用及び収益を目的とする権利（以下この項において「賃借権等」という。）であって、当該各号に定める期間を超えないものを設定することができる。　　（新設）

一　樹木の栽植又は伐採を目的とする山林の賃借権等　十年

二　前号に掲げる賃借権等以外の土地の賃借権等　五年

三　建物の賃借権等　三年

四　動産の賃借権等　六箇月

5　各共有者は、前各項の規定にかかわらず、保存行為をすることができる。　　（新設）

（共有物の管理者）

第252条の2　共有物の管理者は、共有物の管理に関する行為をすることができる。ただし、共有者の全員の同意を得なければ、共有物に変更（その形状又は効用の著しい変更を伴わないものを除く。次項において同じ。）を加えることができない。　　（新設）

2　共有物の管理者が共有者を知ることができず、又はその所在

を知ることができないときは、
裁判所は、共有物の管理者の請
求により、当該共有者以外の共
有者の同意を得て共有物に変更
を加えることができる旨の裁判
をすることができる。
 3 共有物の管理者は、共有者が
共有物の管理に関する事項を決
した場合には、これに従ってそ
の職務を行わなければならない。
 4 前項の規定に違反して行った
共有物の管理者の行為は、共有
者に対してその効力を生じない。
ただし、共有者は、これをもっ
て善意の第三者に対抗すること
ができない。

（裁判による共有物の分割）
第258条 共有物の分割について
共有者間に協議が調わないとき、
又は協議をすることができない
ときは、その分割を裁判所に請
求することができる。
 2 裁判所は、次に掲げる方法に
より、共有物の分割を命ずるこ
とができる。
　一 共有物の現物を分割する方
法
　二 共有者に債務を負担させて、
他の共有者の持分の全部又は
一部を取得させる方法
 3 前項に規定する方法により共
有物を分割することができない
とき、又は分割によってその価
格を著しく減少させるおそれが
あるときは、裁判所は、その競
売を命ずることができる。
 4 裁判所は、共有物の分割の裁
判において、当事者に対して、
金銭の支払、物の引渡し、登記

（裁判による共有物の分割）
第258条 共有物の分割について
共有者間に協議が調わないとき
は、その分割を裁判所に請求す
ることができる。

（新設）

 2 前項の場合において、共有物
の現物を分割することができな
いとき、又は分割によってその
価格を著しく減少させるおそれ
があるときは、裁判所は、その
競売を命ずることができる。
（新設）

義務の履行その他の給付を命ずることができる。

第258条の2　共有物の全部又はその持分が相続財産に属する場合において、共同相続人間で当該共有物の全部又はその持分について遺産の分割をすべきときは、当該共有物又はその持分について前条の規定による分割をすることができない。

2　共有物の持分が相続財産に属する場合において、相続開始の時から十年を経過したときは、前項の規定にかかわらず、相続財産に属する共有物の持分について前条の規定による分割をすることができる。ただし、当該共有物の持分について遺産の分割の請求があった場合において、相続人が当該共有物の持分について同条の規定による分割をすることに異議の申出をしたときは、この限りでない。

3　相続人が前項ただし書の申出をする場合には、当該申出は、当該相続人が前条第1項の規定による請求を受けた裁判所から当該請求があった旨の通知を受けた日から二箇月以内に当該裁判所にしなければならない。

（所在等不明共有者の持分の取得）
第262条の2　不動産が数人の共有に属する場合において、共有者が他の共有者を知ることができず、又はその所在を知ることができないときは、裁判所は、共有者の請求により、その共有者に、当該他の共有者（以下この条において「所在等不明共有

（新設）

（新設）

者」という。）の持分を取得させる旨の裁判をすることができる。この場合において、請求をした共有者が２人以上あるときは、請求をした各共有者に、所在等不明共有者の持分を、請求をした各共有者の持分の割合で按分してそれぞれ取得させる。

2　前項の請求があった持分に係る不動産について第258条第１項の規定による請求又は遺産の分割の請求があり、かつ、所在等不明共有者以外の共有者が前項の請求を受けた裁判所に同項の裁判をすることについて異議がある旨の届出をしたときは、裁判所は、同項の裁判をすることができない。

3　所在等不明共有者の持分が相続財産に属する場合（共同相続人間で遺産の分割をすべき場合に限る。）において、相続開始の時から十年を経過していないときは、裁判所は、第１項の裁判をすることができない。

4　第１項の規定により共有者が所在等不明共有者の持分を取得したときは、所在等不明共有者は、当該共有者に対し、当該共有者が取得した持分の時価相当額の支払を請求することができる。

5　前各項の規定は、不動産の使用又は収益をする権利（所有権を除く。）が数人の共有に属する場合について準用する。

（所在等不明共有者の持分の譲渡）
第262条の３　不動産が数人の共有に属する場合において、共有

（新設）

者が他の共有者を知ることができず、又はその所在を知ることができないときは、裁判所は、共有者の請求により、その共有者に、当該他の共有者（以下この条において「所在等不明共有者」という。）以外の共有者の全員が特定の者に対してその有する持分の全部を譲渡することを停止条件として所在等不明共有者の持分を当該特定の者に譲渡する権限を付与する旨の裁判をすることができる。

2　所在等不明共有者の持分が相続財産に属する場合（共同相続人間で遺産の分割をすべき場合に限る。）において、相続開始の時から十年を経過していないときは、裁判所は、前項の裁判をすることができない。

3　第1項の裁判により付与された権限に基づき共有者が所在等不明共有者の持分を第三者に譲渡したときは、所在等不明共有者は、当該譲渡をした共有者に対し、不動産の時価相当額を所在等不明共有者の持分に応じて按分して得た額の支払を請求することができる。

4　前3項の規定は、不動産の使用又は収益をする権利（所有権を除く。）が数人の共有に属する場合について準用する。

（準共有）
第264条　この節（第262条の2及び第262条の3を除く。）の規定は、数人で所有権以外の財産権を有する場合について準用する。ただし、法令に特別の定め

（準共有）
第264条　この節の規定は、数人で所有権以外の財産権を有する場合について準用する。ただし、法令に特別の定めがあるときは、この限りでない。

があるときは、この限りでない。

　　第四節　所有者不明土地管理
　　　　　命令及び所有者不明
　　　　　建物管理命令

（所有者不明土地管理命令）

第264条の2　裁判所は、所有者
　を知ることができず、又はその
　所在を知ることができない土地
　（土地が数人の共有に属する場合
　にあっては、共有者を知ること
　ができず、又はその所在を知る
　ことができない土地の共有持分）
　について、必要があると認める
　ときは、利害関係人の請求によ
　り、その請求に係る土地又は共
　有持分を対象として、所有者不
　明土地管理人（第4項に規定す
　る所有者不明土地管理人をいう。
　以下同じ。）による管理を命ずる
　処分（以下「所有者不明土地管
　理命令」という。）をすることが
　できる。

2　所有者不明土地管理命令の効
　力は、当該所有者不明土地管理
　命令の対象とされた土地（共有
　持分を対象として所有者不明土
　地管理命令が発せられた場合に
　あっては、共有物である土地）
　にある動産（当該所有者不明土
　地管理命令の対象とされた土地
　の所有者又は共有持分を有する
　者が所有するものに限る。）に及
　ぶ。

3　所有者不明土地管理命令は、
　所有者不明土地管理命令が発せ
　られた後に当該所有者不明土地
　管理命令が取り消された場合に
　おいて、当該所有者不明土地管
　理命令の対象とされた土地又は

（新設）

（新設）

共有持分及び当該所有者不明土
地管理命令の効力が及ぶ動産の
管理、処分その他の事由により
所有者不明土地管理人が得た財
産について、必要があると認め
るときも、することができる。
4 裁判所は、所有者不明土地管
理命令をする場合には、当該所
有者不明土地管理命令において、
所有者不明土地管理人を選任し
なければならない。

（所有者不明土地管理人の権限）
第264条の3 前条第4項の規定
により所有者不明土地管理人が
選任された場合には、所有者不
明土地管理命令の対象とされた
土地又は共有持分及び所有者不
明土地管理命令の効力が及ぶ動
産並びにその管理、処分その他
の事由により所有者不明土地管
理人が得た財産（以下「所有者
不明土地等」という。）の管理及
び処分をする権利は、所有者不
明土地管理人に専属する。
2 所有者不明土地管理人が次に
掲げる行為の範囲を超える行為
をするには、裁判所の許可を得
なければならない。ただし、こ
の許可がないことをもって善意
の第三者に対抗することはでき
ない。
一 保存行為
二 所有者不明土地等の性質を
変えない範囲内において、そ
の利用又は改良を目的とする
行為

（新設）

（所有者不明土地等に関する訴え
　の取扱い）
第264条の4　所有者不明土地管
　理命令が発せられた場合には、
　所有者不明土地等に関する訴え
　については、所有者不明土地管
　理人を原告又は被告とする。

（新設）

（所有者不明土地管理人の義務）
第264条の5　所有者不明土地管
　理人は、所有者不明土地等の所
　有者（その共有持分を有する者
　を含む。）のために、善良な管理
　者の注意をもって、その権限を
　行使しなければならない。
2　数人の者の共有持分を対象と
　して所有者不明土地管理命令が
　発せられたときは、所有者不明
　土地管理人は、当該所有者不明
　土地管理命令の対象とされた共
　有持分を有する者全員のために、
　誠実かつ公平にその権限を行使
　しなければならない。

（新設）

（所有者不明土地管理人の解任及
　び辞任）
第264条の6　所有者不明土地管
　理人がその任務に違反して所有
　者不明土地等に著しい損害を与
　えたことその他重要な事由があ
　るときは、裁判所は、利害関係
　人の請求により、所有者不明土
　地管理人を解任することができ
　る。
2　所有者不明土地管理人は、正
　当な事由があるときは、裁判所
　の許可を得て、辞任することが
　できる。

（新設）

（所有者不明土地管理人の報酬
等）

第264条の7　所有者不明土地管
理人は、所有者不明土地等から
裁判所が定める額の費用の前払
及び報酬を受けることができる。

2　所有者不明土地管理人による所
有者不明土地等の管理に必要な費
用及び報酬は、所有者不明土地等
の所有者（その共有持分を有する
者を含む。）の負担とする。

（所有者不明建物管理命令）

第264条の8　裁判所は、所有者
を知ることができず、又はその
所在を知ることができない建物
（建物が数人の共有に属する場合
にあっては、共有者を知ること
ができず、又はその所在を知る
ことができない建物の共有持分）
について、必要があると認める
ときは、利害関係人の請求によ
り、その請求に係る建物又は共
有持分を対象として、所有者不
明建物管理人（第4項に規定す
る所有者不明建物管理人をいう。
以下この条において同じ。）によ
る管理を命ずる処分（以下この
条において「所有者不明建物管
理命令」という。）をすることが
できる。

2　所有者不明建物管理命令の効
力は、当該所有者不明建物管理
命令の対象とされた建物（共有
持分を対象として所有者不明建
物管理命令が発せられた場合に
あっては、共有物である建物）
にある動産（当該所有者不明建
物管理命令の対象とされた建物
の所有者又は共有持分を有する

（新設）

（新設）

者が所有するものに限る。）及び
当該建物を所有し、又は当該建
物の共有持分を有するための建
物の敷地に関する権利（賃借権
その他の使用及び収益を目的と
する権利（所有権を除く。）であっ
て、当該所有者不明建物管理命
令の対象とされた建物の所有者
又は共有持分を有する者が有す
るものに限る。）に及ぶ。

3　所有者不明建物管理命令は、
所有者不明建物管理命令が発せ
られた後に当該所有者不明建物
管理命令が取り消された場合に
おいて、当該所有者不明建物管
理命令の対象とされた建物又は
共有持分並びに当該所有者不明
建物管理命令の効力が及ぶ動産
及び建物の敷地に関する権利の
管理、処分その他の事由により
所有者不明建物管理人が得た財
産について、必要があると認め
るときも、することができる。

4　裁判所は、所有者不明建物管
理命令をする場合には、当該所
有者不明建物管理命令において、
所有者不明建物管理人を選任し
なければならない。

5　第264条の３から前条までの
規定は、所有者不明建物管理命
令及び所有者不明建物管理人に
ついて準用する。

　　第五節　管理不全土地管理命令
　　　　　　及び管理不全建物管理
　　　　　　命令

（新設）

（管理不全土地管理命令）
第264条の９　裁判所は、所有者
による土地の管理が不適当であ

（新設）

　ることによって他人の権利又は
　法律上保護される利益が侵害さ
　れ、又は侵害されるおそれがあ
　る場合において、必要があると
　認めるときは、利害関係人の請
　求により、当該土地を対象とし
　て、管理不全土地管理人（第3
　項に規定する管理不全土地管理
　人をいう。以下同じ。）による管
　理を命ずる処分（以下「管理不
　全土地管理命令」という。）をす
　ることができる。
2　管理不全土地管理命令の効力
　は、当該管理不全土地管理命令
　の対象とされた土地にある動産
　（当該管理不全土地管理命令の対
　象とされた土地の所有者又はそ
　の共有持分を有する者が所有す
　るものに限る。）に及ぶ。
3　裁判所は、管理不全土地管理
　命令をする場合には、当該管理
　不全土地管理命令において、管
　理不全土地管理人を選任しなけ
　ればならない。

（管理不全土地管理人の権限）
第264条の10　管理不全土地管理
　人は、管理不全土地管理命令の
　対象とされた土地及び管理不全
　土地管理命令の効力が及ぶ動産
　並びにその管理、処分その他の
　事由により管理不全土地管理人
　が得た財産（以下「管理不全土
　地等」という。）の管理及び処分
　をする権限を有する。
2　管理不全土地管理人が次に掲
　げる行為の範囲を超える行為を
　するには、裁判所の許可を得な
　ければならない。ただし、この
　許可がないことをもって善意で

（新設）

かつ過失がない第三者に対抗す
ることはできない。
　一　保存行為
　二　管理不全土地等の性質を変
　　えない範囲内において、その
　　利用又は改良を目的とする行
　　為
　3　管理不全土地管理命令の対象
　　とされた土地の処分についての
　　前項の許可をするには、その所
　　有者の同意がなければならない。

（管理不全土地管理人の義務）
第264条の11　管理不全土地管理
　　人は、管理不全土地等の所有者
　　のために、善良な管理者の注意
　　をもって、その権限を行使しな
　　ければならない。
　2　管理不全土地等が数人の共有
　　に属する場合には、管理不全土
　　地管理人は、その共有持分を有
　　する者全員のために、誠実かつ
　　公平にその権限を行使しなけれ
　　ばならない。

（管理不全土地管理人の解任及び
辞任）
第264条の12　管理不全土地管理
　　人がその任務に違反して管理不
　　全土地等に著しい損害を与えた
　　ことその他重要な事由があると
　　きは、裁判所は、利害関係人の
　　請求により、管理不全土地管理
　　人を解任することができる。
　2　管理不全土地管理人は、正当
　　な事由があるときは、裁判所の
　　許可を得て、辞任することがで
　　きる。

（新設）

（新設）

（管理不全土地管理人の報酬等）
第264条の13　管理不全土地管理
　人は、管理不全土地等から裁判
　所が定める額の費用の前払及び
　報酬を受けることができる。
２　管理不全土地管理人による管
　理不全土地等の管理に必要な費
　用及び報酬は、管理不全土地等
　の所有者の負担とする。

（新設）

（管理不全建物管理命令）
第264条の14　裁判所は、所有者
　による建物の管理が不適当であ
　ることによって他人の権利又は
　法律上保護される利益が侵害さ
　れ、又は侵害されるおそれがあ
　る場合において、必要があると
　認めるときは、利害関係人の請
　求により、当該建物を対象とし
　て、管理不全建物管理人（第3
　項に規定する管理不全建物管理
　人をいう。第4項において同じ。）
　による管理を命ずる処分（以下
　この条において「管理不全建物
　管理命令」という。）をすること
　ができる。
２　管理不全建物管理命令は、当該
　管理不全建物管理命令の対象と
　された建物にある動産（当該管理不
　全建物管理命令の対象とされた建
　物の所有者又はその共有持分を有
　する者が所有するものに限る。）
　及び当該建物を所有するための建
　物の敷地に関する権利（賃借権そ
　の他の使用及び収益を目的とする
　権利（所有権を除く。）であって、
　当該管理不全建物管理命令の対象
　とされた建物の所有者又はその共
　有持分を有する者が有するものに
　限る。）に及ぶ。

（新設）

　3　裁判所は、管理不全建物管理命令をする場合には、当該管理不全建物管理命令において、管理不全建物管理人を選任しなければならない。

　4　第264条の10から前条までの規定は、管理不全建物管理命令及び管理不全建物管理人について準用する。

（共同抵当における代価の配当）
第392条　債権者が同一の債権の担保として数個の不動産につき抵当権を有する場合において、同時にその代価を配当すべきときは、その各不動産の価額に応じて、その債権の負担を按分する。

　2　（略）

（相続財産の保存）
第897条の2　家庭裁判所は、利害関係人又は検察官の請求によって、いつでも、相続財産の管理人の選任その他の相続財産の保存に必要な処分を命ずることができる。ただし、相続人が1人である場合においてその相続人が相続の単純承認をしたとき、相続人が数人ある場合において遺産の全部の分割がされたとき、又は第952条第1項の規定により相続財産の清算人が選任されているときは、この限りでない。

　2　第27条から第29条までの規定は、前項の規定により家庭裁判所が相続財産の管理人を選任した場合について準用する。

（共同抵当における代価の配当）
第392条　債権者が同一の債権の担保として数個の不動産につき抵当権を有する場合において、同時にその代価を配当すべきときは、その各不動産の価額に応じて、その債権の負担を按分する。

　2　（同上）

（新設）

（共同相続の効力）

第898条　（略）

2　相続財産について共有に関する規定を適用するときは、第900条から第902条までの規定により算定した相続分をもって各相続人の共有持分とする。

（期間経過後の遺産の分割における相続分）

第904条の3　前3条の規定は、相続開始の時から十年を経過した後にする遺産の分割については、適用しない。ただし、次の各号のいずれかに該当するときは、この限りでない。

一　相続開始の時から十年を経過する前に、相続人が家庭裁判所に遺産の分割の請求をしたとき。

二　相続開始の時から始まる十年の期間の満了前六箇月以内の間に、遺産の分割を請求することができないやむを得ない事由が相続人にあった場合において、その事由が消滅した時から六箇月を経過する前に、当該相続人が家庭裁判所に遺産の分割の請求をしたとき。

（遺産の分割の協議又は審判）

第907条　共同相続人は、次条第1項の規定により被相続人が遺言で禁じた場合又は同条第2項の規定により分割をしない旨の契約をした場合を除き、いつでも、その協議で、遺産の全部又は一部の分割をすることができる。

2　（略）

（削る）

（共同相続の効力）

第898条　（同上）

（新設）

（新設）

（遺産の分割の協議又は審判等）

第907条　共同相続人は、次条の規定により被相続人が遺言で禁じた場合を除き、いつでも、その協議で、遺産の全部又は1部の分割をすることができる。

2　（同上）

3　前項本文の場合において特別

（遺産の分割の方法の指定及び遺産の分割の禁止）
第908条　（略）
2　共同相続人は、五年以内の期間を定めて、遺産の全部又は一部について、その分割をしない旨の契約をすることができる。ただし、その期間の終期は、相続開始の時から十年を超えることができない。
3　前項の契約は、五年以内の期間を定めて更新することができる。ただし、その期間の終期は、相続開始の時から十年を超えることができない。
4　前条第2項本文の場合において特別の事由があるときは、家庭裁判所は、五年以内の期間を定めて、遺産の全部又は一部について、その分割を禁ずることができる。ただし、その期間の終期は、相続開始の時から十年を超えることができない。
5　家庭裁判所は、五年以内の期間を定めて前項の期間を更新することができる。ただし、その期間の終期は、相続開始の時から十年を超えることができない。

（相続人による管理）
第918条　（略）
（削る）

の事由があるときは、家庭裁判所は、期間を定めて、遺産の全部又は一部について、その分割を禁ずることができる。

（遺産の分割の方法の指定及び遺産の分割の禁止）
第908条　（同上）
（新設）

（新設）

（新設）

（新設）

（相続財産の管理）
第918条　（同上）
2　家庭裁判所は、利害関係人又は検察官の請求によって、いつでも、相続財産の保存に必要な処分を命ずることができる。

（削る）

（限定承認者による管理）
第926条　（略）
2　第645条、第646条並びに第650条第1項及び第2項の規定は、前項の場合について準用する。

（相続人が数人ある場合の相続財産の清算人）
第936条　相続人が数人ある場合には、家庭裁判所は、相続人の中から、相続財産の清算人を選任しなければならない。
2　前項の相続財産の清算人は、相続人のために、これに代わって、相続財産の管理及び債務の弁済に必要な一切の行為をする。
3　第926条から前条までの規定は、第1項の相続財産の清算人について準用する。この場合において、第927条第1項中「限定承認をした後5日以内」とあるのは、「その相続財産の清算人の選任があった後10日以内」と読み替えるものとする。

（相続の放棄をした者による管理）
第940条　相続の放棄をした者は、その放棄の時に相続財産に属する財産を現に占有しているときは、相続人又は第952条第1項の相続財産の清算人に対して当該財産を引き渡すまでの間、自己の財産におけるのと同一の注意をもって、その財産を保存し

3　第27条から第29条までの規定は、前項の規定により家庭裁判所が相続財産の管理人を選任した場合について準用する。

（限定承認者による管理）
第926条　（同上）
2　第645条、第646条、第650条第1項及び第2項並びに第918条第2項及び第3項の規定は、前項の場合について準用する。

（相続人が数人ある場合の相続財産の管理人）
第936条　相続人が数人ある場合には、家庭裁判所は、相続人の中から、相続財産の管理人を選任しなければならない。
2　前項の相続財産の管理人は、相続人のために、これに代わって、相続財産の管理及び債務の弁済に必要な一切の行為をする。
3　第926条から前条までの規定は、第1項の相続財産の管理人について準用する。この場合において、第927条第1項中「限定承認をした後5日以内」とあるのは、「その相続財産の管理人の選任があった後10日以内」と読み替えるものとする。

（相続の放棄をした者による管理）
第940条　相続の放棄をした者は、その放棄によって相続人となった者が相続財産の管理を始めることができるまで、自己の財産におけるのと同一の注意をもって、その財産の管理を継続しなければならない。

なければならない。
2　第 645 条、第 646 条並びに第
650 条第 1 項及び第 2 項の規定
は、前項の場合について準用する。

（相続財産の清算人の選任）
第 952 条　前条の場合には、家庭裁
判所は、利害関係人又は検察官
の請求によって、相続財産の清
算人を選任しなければならない。

2　前項の規定により相続財産の清
算人を選任したときは、家庭裁判
所は、遅滞なく、その旨及び相続
人があるならば一定の期間内にそ
の権利を主張すべき旨を公告しな
ければならない。この場合におい
て、その期間は、六箇月を下るこ
とができない。

（不在者の財産の管理人に関する
規定の準用）
第 953 条　第 27 条から第 29 条ま
での規定は、前条第 1 項の相続
財産の清算人（以下この章にお
いて単に「相続財産の清算人」
という。）について準用する。

（相続財産の清算人の報告）
第 954 条　相続財産の清算人は、
相続債権者又は受遺者の請求が
あるときは、その請求をした者
に相続財産の状況を報告しなけ
ればならない。

（相続財産法人の不成立）
第 955 条　相続人のあることが明
らかになったときは、第 951 条
の法人は、成立しなかったもの

2　第 645 条、第 646 条、第 650
条第 1 項及び第 2 項並びに第 918
条第 2 項及び第 3 項の規定は、
前項の場合について準用する。

（相続財産の管理人の選任）
第 952 条　前条の場合には、家庭裁
判所は、利害関係人又は検察官
の請求によって、相続財産の管
理人を選任しなければならない。

2　前項の規定により相続財産の管
理人を選任したときは、家庭裁判
所は、遅滞なくこれを公告しなけ
ればならない。

（不在者の財産の管理人に関する
規定の準用）
第 953 条　第 27 条から第 29 条ま
での規定は、前条第 1 項の相続
財産の管理人（以下この章にお
いて単に「相続財産の管理人」
という。）について準用する。

（相続財産の管理人の報告）
第 954 条　相続財産の管理人は、
相続債権者又は受遺者の請求が
あるときは、その請求をした者
に相続財産の状況を報告しなけ
ればならない。

（相続財産法人の不成立）
第 955 条　相続人のあることが明
らかになったときは、第 951 条
の法人は、成立しなかったもの

とみなす。ただし、相続財産の清算人がその権限内でした行為の効力を妨げない。

（相続財産の清算人の代理権の消滅）

第956条　相続財産の清算人の代理権は、相続人が相続の承認をした時に消滅する。

2　前項の場合には、相続財産の清算人は、遅滞なく相続人に対して清算に係る計算をしなければならない。

（相続債権者及び受遺者に対する弁済）

第957条　第952条第2項の公告があったときは、相続財産の清算人は、全ての相続債権者及び受遺者に対し、二箇月以上の期間を定めて、その期間内にその請求の申出をすべき旨を公告しなければならない。この場合において、その期間は、同項の規定により相続人が権利を主張すべき期間として家庭裁判所が公告した期間内に満了するものでなければならない。

2　（略）

（削る）

とみなす。ただし、相続財産の管理人がその権限内でした行為の効力を妨げない。

（相続財産の管理人の代理権の消滅）

第956条　相続財産の管理人の代理権は、相続人が相続の承認をした時に消滅する。

2　前項の場合には、相続財産の管理人は、遅滞なく相続人に対して管理の計算をしなければならない。

（相続債権者及び受遺者に対する弁済）

第957条　第952条第2項の公告があった後二箇月以内に相続人のあることが明らかにならなかったときは、相続財産の管理人は、遅滞なく、すべての相続債権者及び受遺者に対し、一定の期間内にその請求の申出をすべき旨を公告しなければならない。この場合において、その期間は、二箇月を下ることができない。

2　（同上）

（相続人の捜索の公告）

第958条　前条第1項の期間の満了後、なお相続人のあることが明らかでないときは、家庭裁判所は、相続財産の管理人又は検察官の請求によって、相続人があるならば一定の期間内にその権利を主張すべき旨を公告しなければならない。この場合にお

いて、その期間は、六箇月を下ることができない。

（権利を主張する者がない場合）
第958条　第952条第2項の期間内に相続人としての権利を主張する者がないときは、相続人並びに相続財産の清算人に知れなかった相続債権者及び受遺者は、その権利を行使することができない。

（特別縁故者に対する相続財産の分与）
第958条の2　（略）
2　前項の請求は、第952条第2項の期間の満了後三箇月以内にしなければならない。

（権利を主張する者がない場合）
第958条の2　前条の期間内に相続人としての権利を主張する者がないときは、相続人並びに相続財産の管理人に知れなかった相続債権者及び受遺者は、その権利を行使することができない。

（特別縁故者に対する相続財産の分与）
第958条の3　（同上）
2　前項の請求は、第958条の期間の満了後三箇月以内にしなければならない。

❷ 不動産登記法（平成16年法律第123号）（第2条関係）

改　正　法	現　行
目次 　第四章　（略） 　　第1節・第2節　（略） 　　第三節　（略） 　　　第一款　（略） 　　　第二款　所有権に関する登記（<u>第73条の2</u>―第77条） 　　　第三款～第八款　（略）	目次 　第四章　（同上） 　　第1節・第2節　（同上） 　　第三節　（同上） 　　　第一款　（同上） 　　　第二款　所有権に関する登記（<u>第74条</u>―第77条） 　　　第三款～第八款　（同上）
（登記することができる権利等） 第3条　（略） 　一～九　（略） 　十　採石権（採石法（昭和25年法律第291号）に規定する採石権をいう。第50条、第70条第2項及び第80_2条において同じ。）	（登記することができる権利等） 第3条　（同上） 　一～九　（同上） 　十　採石権（採石法（昭和25年法律第291号）に規定する採石権をいう。第50条及び第82条において同じ。）（当事者の申請又は嘱託による登記）
（当事者の申請又は嘱託による登記） 第16条　（略） 2　第2条第十四号、第5条、第6条第3項、第10条及びこの章（この条、第27条、第28条、第32条、第34条、第35条、第41条、第43条から第46条まで、第51条第5項及び第6項、第53条第2項、第56条、第58条第1項及び第4項、第59条第一号、第三号から第六号まで及び第8号、第66条、第67条、第71条、第73条第1項第二号から第四号まで、第2項及び第3項、第76条<u>から第76条の4まで、第76条の6</u>、第78条から第86条まで、	第16条　（同上） 2　第2条第十四号、第5条、第6条第3項、第10条及びこの章（この条、第27条、第28条、第32条、第34条、第35条、第41条、第43条から第46条まで、第51条第5項及び第6項、第53条第2項、第56条、第58条第1項及び第4項、第59条第一号、第三号から第六号まで及び第8号、第66条、第67条、第71条、第73条第1項第二号から第四号まで、第2項及び第3項、第76条、<u>第78条から第86条まで、第88条、第90条から第92条まで、第94条、</u>

第88条、第90条から第92条まで、第94条、第95条第1項、第96条、第97条、第98条第2項、第101条、第102条、第106条、第108条、第112条、第114条から第117条まで並びに第118条第2項、第5項及び第6項を除く。）の規定は、官庁又は公署の嘱託による登記の手続について準用する。

（申請の却下）
第25条　（略）
　一～六　（略）
　　七　申請情報の内容である登記義務者（第65条、第76条の5、第77条、第89条第1項（同条第2項（第95条第2項において準用する場合を含む。）及び第95条第2項において準用する場合を含む。）、第93条（第95条第2項において準用する場合を含む。）又は第110条前段の場合にあっては、登記名義人）の氏名若しくは名称又は住所が登記記録と合致しないとき。
　八～十三　（略）

（権利に関する登記の登記事項）
第59条　権利に関する登記の登記事項は、次のとおりとする。
　一～五　（略）
　　六　共有物分割禁止の定め（共有物若しくは所有権以外の財産権について民法（明治29年法律第89号）第256条第1項ただし書（同法第264条において準用する場合を含む。）若しくは第908条第2項の規定

第95条第1項、第96条、第97条、第98条第2項、第101条、第102条、第106条、第108条、第112条、第114条から第117条まで並びに第118条第2項、第5項及び第6項を除く。）の規定は、官庁又は公署の嘱託による登記の手続について準用する。

（申請の却下）
第25条　（同上）
　一～六　（同上）
　　七　申請情報の内容である登記義務者（第65条、第77条、第89条第1項（同条第2項（第95条第2項において準用する場合を含む。）及び第95条第2項において準用する場合を含む。）、第93条（第95条第2項において準用する場合を含む。）又は第110条前段の場合にあっては、登記名義人）の氏名若しくは名称又は住所が登記記録と合致しないとき。
　八～十三　（同上）

（権利に関する登記の登記事項）
第59条　権利に関する登記の登記事項は、次のとおりとする。
　一～五　（同上）
　　六　共有物分割禁止の定め（共有物若しくは所有権以外の財産権について民法（明治29年法律第89号）第256条第1項ただし書（同法第264条において準用する場合を含む。）の規定により分割をしない旨の

により分割をしない旨の契約
をした場合若しくは<u>同条第1
項</u>の規定により被相続人が遺
言で共有物若しくは所有権以
外の財産権について分割を禁
止した場合における共有物若
しくは所有権以外の財産権の
分割を禁止する定め又は<u>同条
第4項</u>の規定により家庭裁判
所が遺産である共有物若しく
は所有権以外の財産権につい
てした分割を禁止する審判を
いう。第65条において同じ。)
があるときは、その定め

七・八　(略)

(判決による登記等)
第63条　(略)
2　(略)
<u>3　遺贈(相続人に対する遺贈に限
る。)による所有権の移転の登記
は、第60条の規定にかかわらず、
登記権利者が単独で申請すること
ができる。</u>

<u>(買戻しの特約に関する登記の抹
消)</u>
<u>第69条の2　買戻しの特約に関す
る登記がされている場合におい
て、契約の日から十年を経過し
たときは、第60条の規定にかか
わらず、登記権利者は、単独で
当該登記の抹消を申請すること
ができる。</u>

<u>(除権決定による登記の抹消等)</u>

第70条　登記権利者は、共同して
登記の抹消の申請をすべき者の
所在が知れないため<u>その者と共</u>

契約をした場合若しくは<u>同法
第908条</u>の規定により被相続
人が遺言で共有物若しくは所
有権以外の財産権について分
割を禁止した場合における共
有物若しくは所有権以外の財
産権の分割を禁止する定め又
は<u>同法第907条第3項</u>の規定
により家庭裁判所が遺産であ
る共有物若しくは所有権以外
の財産権についてした分割を
禁止する審判をいう。第65条
において同じ。)があるときは、
その定め

七・八　(同上)

(判決による登記等)
第63条　(同上)
2　(同上)
(新設)

(新設)

(登記義務者の所在が知れない場合
の登記の抹消)
第70条　登記権利者は、<u>登記義務
者の所在が知れないため登記義
務者と</u>共同して権利に関する登

183

同して権利に関する登記の抹消を申請することができないときは、非訟事件手続法（平成23年法律第51号）第99条に規定する公示催告の申立てをすることができる。

2　前項の登記が地上権、永小作権、質権、賃借権若しくは採石権に関する登記又は買戻しの特約に関する登記であり、かつ、登記された存続期間又は買戻しの期間が満了している場合において、相当の調査が行われたと認められるものとして法務省令で定める方法により調査を行ってもなお共同して登記の抹消の申請をすべき者の所在が判明しないときは、その者の所在が知れないものとみなして、同項の規定を適用する。

3　前2項の場合において、非訟事件手続法第106条第1項に規定する除権決定があったときは、第60条の規定にかかわらず、当該登記権利者は、単独で第1項の登記の抹消を申請することができる。

4　（略）

（解散した法人の担保権に関する登記の抹消）

第70条の2　登記権利者は、共同して登記の抹消の申請をすべき法人が解散し、前条第2項に規定する方法により調査を行ってもなおその法人の清算人の所在が判明しないためその法人と共同して先取特権、質権又は抵当権に関する登記の抹消を申請することができない場合において、

記の抹消を申請することができないときは、非訟事件手続法（平成23年法律第51号）第99条に規定する公示催告の申立てをすることができる。

（新設）

2　前項の場合において、非訟事件手続法第106条第1項に規定する除権決定があったときは、第60条の規定にかかわらず、当該登記権利者は、単独で前項の登記の抹消を申請することができる。

3　（同上）

（新設）

被担保債権の弁済期から三十年を経過し、かつ、その法人の解散の日から三十年を経過したときは、第60条の規定にかかわらず、単独で当該登記の抹消を申請することができる。

　　　第二款　所有権に関する登記
（所有権の登記の登記事項）
第73条の2　所有権の登記の登記事項は、第59条各号に掲げるもののほか、次のとおりとする。
　一　所有権の登記名義人が法人であるときは、会社法人等番号（商業登記法（昭和38年法律第125号）第7条（他の法令において準用する場合を含む。）に規定する会社法人等番号をいう。）その他の特定の法人を識別するために必要な事項として法務省令で定めるもの
　二　所有権の登記名義人が国内に住所を有しないときは、その国内における連絡先となる者の氏名又は名称及び住所その他の国内における連絡先に関する事項として法務省令で定めるもの
　2　前項各号に掲げる登記事項についての登記に関し必要な事項は、法務省令で定める。

（相続等による所有権の移転の登記の申請）
第76条の2　所有権の登記名義人について相続の開始があったときは、当該相続により所有権を取得した者は、自己のために相続の開始があったことを知り、か

第二款（同上）

（新設）

（新設）

つ、当該所有権を取得したこと
を知った日から三年以内に、所
有権の移転の登記を申請しなけ
ればならない。遺贈（相続人に
対する遺贈に限る。）により所有
権を取得した者も、同様とする。

2　前項前段の規定による登記（民
法第 900 条及び第 901 条の規定
により算定した相続分に応じて
されたものに限る。次条第 4 項
において同じ。）がされた後に遺
産の分割があったときは、当該
遺産の分割によって当該相続分
を超えて所有権を取得した者は、
当該遺産の分割の日から三年以
内に、所有権の移転の登記を申
請しなければならない。

3　前 2 項の規定は、代位者その
他の者の申請又は嘱託により、
当該各項の規定による登記がさ
れた場合には、適用しない。

（相続人である旨の申出等）
第 76 条の 3　前条第 1 項の規定に
より所有権の移転の登記を申請
する義務を負う者は、法務省令
で定めるところにより、登記官
に対し、所有権の登記名義人に
ついて相続が開始した旨及び自
らが当該所有権の登記名義人の
相続人である旨を申し出ること
ができる。

2　前条第 1 項に規定する期間内
に前項の規定による申出をした
者は、同条第 1 項に規定する所
有権の取得（当該申出の前にさ
れた遺産の分割によるものを除
く。）に係る所有権の移転の登記
を申請する義務を履行したもの
とみなす。

（新設）

3　登記官は、第1項の規定による申出があったときは、職権で、その旨並びに当該申出をした者の氏名及び住所その他法務省令で定める事項を所有権の登記に付記することができる。

4　第1項の規定による申出をした者は、その後の遺産の分割によって所有権を取得したとき（前条第1項前段の規定による登記がされた後に当該遺産の分割によって所有権を取得したときを除く。）は、当該遺産の分割の日から三年以内に、所有権の移転の登記を申請しなければならない。

5　前項の規定は、代位者その他の者の申請又は嘱託により、同項の規定による登記がされた場合には、適用しない。

6　第1項の規定による申出の手続及び第3項の規定による登記に関し必要な事項は、法務省令で定める。

（所有権の登記名義人についての符号の表示）
第76条の4　登記官は、所有権の登記名義人（法務省令で定めるものに限る。）が権利能力を有しないこととなったと認めるべき場合として法務省令で定める場合には、法務省令で定めるところにより、職権で、当該所有権の登記名義人についてその旨を示す符号を表示することができる。

（所有権の登記名義人の氏名等の変更の登記の申請）
第76条の5　所有権の登記名義人

（新設）

（新設）

187

の氏名若しくは名称又は住所について変更があったときは、当該所有権の登記名義人は、その変更があった日から二年以内に、氏名若しくは名称又は住所についての変更の登記を申請しなければならない。

（職権による氏名等の変更の登記）
第76条の6　登記官は、所有権の登記名義人の氏名若しくは名称又は住所について変更があったと認めるべき場合として法務省令で定める場合には、法務省令で定めるところにより、職権で、氏名若しくは名称又は住所についての変更の登記をすることができる。ただし、当該所有権の登記名義人が自然人であるときは、その申出があるときに限る。

（新設）

（登記事項証明書の交付等）
第119条　（略）
2～5　（略）
6　登記官は、第1項及び第2項の規定にかかわらず、登記記録に記録されている者（自然人であるものに限る。）の住所が明らかにされることにより、人の生命若しくは身体に危害を及ぼすおそれがある場合又はこれに準ずる程度に心身に有害な影響を及ぼすおそれがあるものとして法務省令で定める場合において、その者からの申出があったときは、法務省令で定めるところにより、第1項及び第2項に規定する各書面に当該住所に代わるものとして法務省令で定める事項を記載しなければならない。

（登記事項証明書の交付等）
第119条　（同上）
2～5　（同上）
（新設）

（所有不動産記録証明書の交付
等）
第119条の2　何人も、登記官に
　対し、手数料を納付して、自ら
　が所有権の登記名義人（これに
　準ずる者として法務省令で定め
　るものを含む。）として記録され
　ている不動産に係る登記記録に
　記録されている事項のうち法務
　省令で定めるもの（記録がない
　ときは、その旨）を証明した書
　面（以下この条において「所有
　不動産記録証明書」という。）の
　交付を請求することができる。
2　相続人その他の一般承継人は、
　登記官に対し、手数料を納付し
　て、被承継人に係る所有不動産
　記録証明書の交付を請求するこ
　とができる。
3　前2項の交付の請求は、法務
　大臣の指定する登記所の登記官
　に対し、法務省令で定めるとこ
　ろにより、することができる。
4　前条第3項及び第4項の規定
　は、所有不動産記録証明書の手
　数料について準用する。

（新設）

（地図の写しの交付等）
第120条　（略）
2　（略）
3　第119条第3項から第5項ま
　での規定は、地図等について準
　用する。

（地図の写しの交付等）
第120条　（同上）
2　（同上）
3　前条第3項から第5項までの規
　定は、地図等について準用する。

（登記簿の附属書類の写しの交付
等）
第121条　（略）
2　何人も、登記官に対し、手数
　料を納付して、登記簿の附属書
　類のうち前項の図面（電磁的記

（登記簿の附属書類の写しの交付
等）
第121条　（同上）
2　何人も、登記官に対し、手数
　料を納付して、登記簿の附属書
　類（電磁的記録にあっては、記

録にあっては、記録された情報
の内容を法務省令で定める方法
により表示したもの。<u>次項にお</u>
<u>いて同じ。）</u>の閲覧を請求するこ
とができる。

3　<u>何人も、正当な理由があると</u>
<u>きは、登記官に対し、法務省令</u>
<u>で定めるところにより、手数料</u>
<u>を納付して、登記簿の附属書類</u>
<u>（第１項の図面を除き、電磁的記</u>
<u>録にあっては、記録された情報</u>
<u>の内容を法務省令で定める方法</u>
<u>により表示したもの。次項にお</u>
<u>いて同じ。）の全部又は一部（そ</u>
<u>の正当な理由があると認められ</u>
<u>る部分に限る。）の閲覧を請求す</u>
<u>ることができる。</u>

4　<u>前項の規定にかかわらず、登</u>
<u>記を申請した者は、登記官に対</u>
<u>し、法務省令で定めるところに</u>
<u>より、手数料を納付して、自己</u>
<u>を申請人とする登記記録に係る</u>
<u>登記簿の附属書類の閲覧を請求</u>
<u>することができる。</u>

5　（略）

（法務省令への委任）
第122条　この法律に定めるもの
のほか、登記簿、地図、建物所
在図及び地図に準ずる図面並び
に登記簿の附属書類（<u>第154条</u>
<u>及び第155条</u>において「登記簿
等」という。）の公開に関し必要
な事項は、法務省令で定める。

（筆界特定の申請）
第131条　（略）
2～4　（略）
5　第18条の規定は、筆界特定の

録された情報の内容を法務省令
で定める方法により表示したも
の）の閲覧を請求することがで
きる。<u>ただし、前項の図面以外</u>
<u>のものについては、請求人が利</u>
<u>害関係を有する部分に限る。</u>
（新設）

（新設）

3　（同上）

（法務省令への委任）
第122条　この法律に定めるもの
のほか、登記簿、地図、建物所
在図及び地図に準ずる図面並び
に登記簿の附属書類（<u>第153条</u>
<u>及び第155条</u>において「登記簿
等」という。）の公開に関し必要
な事項は、法務省令で定める。

（筆界特定の申請）
第131条　（同上）
2～4　（同上）
5　第18条の規定は、筆界特定の

申請について準用する。この場合において、同条中「不動産を識別するために必要な事項、申請人の氏名又は名称、登記の目的その他の登記の申請に必要な事項として政令で定める情報（以下「申請情報」という。）」とあるのは「第131条第3項各号に掲げる事項に係る情報（第二号、第132条第1項第四号及び第150条において「筆界特定申請情報」という。）」と、「登記所」とあるのは「法務局又は地方法務局」と、同条第二号中「申請情報」とあるのは「筆界特定申請情報」と読み替えるものとする。

（筆界特定書等の写しの交付等）
第149条　何人も、登記官に対し、手数料を納付して、筆界特定手続記録のうち筆界特定書又は政令で定める図面の全部又は一部（以下この条及び第154条において「筆界特定書等」という。）の写し（筆界特定書等が電磁的記録をもって作成されているときは、当該記録された情報の内容を証明した書面）の交付を請求することができる。
2・3　（略）

　　　第7章　雑則
　（情報の提供の求め）
第151条　登記官は、職権による登記をし、又は第14条第1項の地図を作成するために必要な限度で、関係地方公共団体の長その他の者に対し、その対象となる不動産の所有者等（所有権が帰属し、又は帰属していた自然

申請について準用する。この場合において、同条中「不動産を識別するために必要な事項、申請人の氏名又は名称、登記の目的その他の登記の申請に必要な事項として政令で定める情報（以下「申請情報」という。）」とあるのは「第131条第2項各号に掲げる事項に係る情報（第二号、第132条第1項第四号及び第150条において「筆界特定申請情報」という。）」と、「登記所」とあるのは「法務局又は地方法務局」と、同条第二号中「申請情報」とあるのは「筆界特定申請情報」と読み替えるものとする。

（筆界特定書等の写しの交付等）
第149条　何人も、登記官に対し、手数料を納付して、筆界特定手続記録のうち筆界特定書又は政令で定める図面の全部又は一部（以下この条及び第153条において「筆界特定書等」という。）の写し（筆界特定書等が電磁的記録をもって作成されているときは、当該記録された情報の内容を証明した書面）の交付を請求することができる。
2・3　（同上）

　　　第7章　（同上）

（新設）

人又は法人（法人でない社団又は財団を含む。）をいう。）に関する情報の提供を求めることができる。

（登記識別情報の安全確保）
第 152 条　（略）
2　（略）

（行政手続法の適用除外）
第 153 条　（略）

（行政機関の保有する情報の公開に関する法律の適用除外）
第 154 条　（略）

（削る）

（秘密を漏らした罪）
第 159 条　第 152 条第 2 項の規定に違反して登記識別情報の作成又は管理に関する秘密を漏らした者は、2 年以下の懲役又は 100 万円以下の罰金に処する。

（虚偽の登記名義人確認情報を提供した罪）
第 160 条　第 23 条第 4 項第一号（第 16 条第 2 項において準用する場合を含む。）の規定による情報の提供をする場合において、虚偽の情報を提供したときは、当該違反行為をした者は、2 年以下の懲役又は 50 万円以下の罰金に処する。

（登記識別情報の安全確保）
第 151 条　（同上）
2　（同上）

（行政手続法の適用除外）
第 152 条　（同上）

（行政機関の保有する情報の公開に関する法律の適用除外）
第 153 条　（同上）

第 154 条　削除

（秘密を漏らした罪）
第 159 条　第 151 条第 2 項の規定に違反して登記識別情報の作成又は管理に関する秘密を漏らした者は、2 年以下の懲役又は 100 万円以下の罰金に処する。

（虚偽の登記名義人確認情報を提供した罪）
第 160 条　第 23 条第 4 項第一号（第 16 条第 2 項において準用する場合を含む。）の規定による情報の提供をする場合において、虚偽の情報を提供した者は、2 年以下の懲役又は 50 万円以下の罰金に処する。

（検査の妨害等の罪）

第162条　次の各号のいずれかに該当する場合には、当該違反行為をした者は、30万円以下の罰金に処する。

一　第29条第2項（第16条第2項において準用する場合を含む。次号において同じ。）の規定による検査を拒み、妨げ、又は忌避したとき。

二　第29条第2項の規定による文書若しくは電磁的記録に記録された事項を法務省令で定める方法により表示したものの提示をせず、若しくは虚偽の文書若しくは電磁的記録に記録された事項を法務省令で定める方法により表示したものを提示し、又は質問に対し陳述をせず、若しくは虚偽の陳述をしたとき。

三　第137条第5項の規定に違反して、同条第1項の規定による立入りを拒み、又は妨げたとき。

（過料）

第164条　第36条、第37条第1項若しくは第2項、第42条、第47条第1項（第49条第2項において準用する場合を含む。）、第49条第1項、第3項若しくは第4項、第51条第1項から第4項まで、第57条、第58条第6項若しくは第7項、第76条の2第1項若しくは第2項又は第76条の3第4項の規定による申請をすべき義務がある者が正当な理由がないのにその申請を怠ったときは、10万円以下の過料に処する。

2　第76条の5の規定による申請

（検査の妨害等の罪）

第162条　次の各号のいずれかに該当する者は、30万円以下の罰金に処する。

一　第29条第2項（第16条第2項において準用する場合を含む。次号において同じ。）の規定による検査を拒み、妨げ、又は忌避した者

二　第29条第2項の規定による文書若しくは電磁的記録に記録された事項を法務省令で定める方法により表示したものの提示をせず、若しくは虚偽の文書若しくは電磁的記録に記録された事項を法務省令で定める方法により表示したものを提示し、又は質問に対し陳述をせず、若しくは虚偽の陳述をした者

三　第137条第5項の規定に違反して、同条第1項の規定による立入りを拒み、又は妨げた者

（過料）

第164条　第36条、第37条第1項若しくは第2項、第42条、第47条第1項（第49条第2項において準用する場合を含む。）、第49条第1項、第3項若しくは第4項、第51条第1項から第4項まで、第57条又は第58条第6項若しくは第7項の規定による申請をすべき義務がある者がその申請を怠ったときは、10万円以下の過料に処する。

（新設）

をすべき義務がある者が正当な
理由がないのにその申請を怠っ
たときは、５万円以下の過料に
処する。

❸ 相続等により取得した土地所有権の国庫への帰属に関する法律

目次

附則

　　　第一章　総則

（目的）

第 1 条　この法律は、社会経済情勢の変化に伴い所有者不明土地（相当な努力を払ってもなおその所有者の全部又は一部を確知することができない土地をいう。）が増加していることに鑑み、相続又は遺贈（相続人に対する遺贈に限る。）（以下「相続等」という。）により土地の所有権又は共有持分を取得した者等がその土地の所有権を国庫に帰属させることができる制度を創設し、もって所有者不明土地の発生の抑制を図ることを目的とする。

　　　第二章　相続等により取得した土地所有権の国庫への帰属の承認に係る手続

（承認申請）

第 2 条　土地の所有者（相続等によりその土地の所有権の全部又は一部を取得した者に限る。）は、法務大臣に対し、その土地の所有権を国庫に帰属させることについての承認を申請することができる。

2　土地が数人の共有に属する場合には、前項の規定による承認の申請（以下「承認申請」という。）は、共有者の全員が共同して行うときに限り、することができる。この場合においては、同項の規定にかかわらず、その有する共有持分の全部を相続等以外の原因により取得した共有者であっても、相続等により共有持分の全部又は一部を取得した共有者と共同して、承認申請をすることができる。

3　承認申請は、その土地が次の各号のいずれかに該当するものであるときは、することができない。

　　一　建物の存する土地

　　二　担保権又は使用及び収益を目的とする権利が設定されている土地

　　三　通路その他の他人による使用が予定される土地として政令で定めるものが
　　　　含まれる土地

　　四　土壌汚染対策法（平成14年法律第53号）第２条第１項に規定する特定有
　　　　害物質（法務省令で定める基準を超えるものに限る。）により汚染されてい
　　　　る土地

　　五　境界が明らかでない土地その他の所有権の存否、帰属又は範囲について争
　　　　いがある土地

　　（承認申請書等）

第３条　承認申請をする者（以下「承認申請者」という。）は、法務省令で定め
　　るところにより、次に掲げる事項を記載した承認申請書及び法務省令で定める
　　添付書類を法務大臣に提出しなければならない。

　　一　承認申請者の氏名又は名称及び住所

　　二　承認申請に係る土地の所在、地番、地目及び地積

２　承認申請者は、法務省令で定めるところにより、物価の状況、承認申請に対
　　する審査に要する実費その他一切の事情を考慮して政令で定める額の手数料を
　　納めなければならない。

　　（承認申請の却下）

第４条　法務大臣は、次に掲げる場合には、承認申請を却下しなければならない。

　　一　承認申請が申請の権限を有しない者の申請によるとき。

　　二　承認申請が第２条第３項又は前条の規定に違反するとき。

　　三　承認申請者が、正当な理由がないのに、第６条の規定による調査に応じな
　　　　いとき。

２　法務大臣は、前項の規定により承認申請を却下したときは、遅滞なく、法務
　　省令で定めるところにより、その旨を承認申請者に通知しなければならない。

　　（承認）

第５条　法務大臣は、承認申請に係る土地が次の各号のいずれにも該当しないと
　　認めるときは、その土地の所有権の国庫への帰属についての承認をしなければ
　　ならない。

　　一　崖（勾配、高さその他の事項について政令で定める基準に該当するものに

限る。）がある土地のうち、その通常の管理に当たり過分の費用又は労力を
要するもの

二　土地の通常の管理又は処分を阻害する工作物、車両又は樹木その他の有体
物が地上に存する土地

三　除去しなければ土地の通常の管理又は処分をすることができない有体物が
地下に存する土地

四　隣接する土地の所有者その他の者との争訟によらなければ通常の管理又は
処分をすることができない土地として政令で定めるもの

五　前各号に掲げる土地のほか、通常の管理又は処分をするに当たり過分の費
用又は労力を要する土地として政令で定めるもの

2　前項の承認は、土地の一筆ごとに行うものとする。

（事実の調査）

第6条　法務大臣は、承認申請に係る審査のため必要があると認めるときは、そ
の職員に事実の調査をさせることができる。

2　前項の規定により事実の調査をする職員は、承認申請に係る土地又はその周
辺の地域に所在する土地の実地調査をすること、承認申請者その他の関係者か
らその知っている事実を聴取し又は資料の提出を求めることその他承認申請に
係る審査のために必要な調査をすることができる。

3　法務大臣は、その職員が前項の規定により承認申請に係る土地又はその周辺
の地域に所在する土地の実地調査をする場合において、必要があると認めると
きは、その必要の限度において、その職員に、他人の土地に立ち入らせること
ができる。

4　法務大臣は、前項の規定によりその職員を他人の土地に立ち入らせるときは、
あらかじめ、その旨並びにその日時及び場所を当該土地の占有者に通知しなけ
ればならない。

5　第3項の規定により宅地又は垣、柵等で囲まれた他人の占有する土地に立ち
入ろうとする職員は、その立入りの際、その旨を当該土地の占有者に告げなけ
ればならない。

6　日出前及び日没後においては、土地の占有者の承諾があった場合を除き、前
項に規定する土地に立ち入ってはならない。

7　第3項の規定による立入りをする場合には、職員は、その身分を示す証明書
を携帯し、関係者の請求があったときは、これを提示しなければならない。

8　国は、第3項の規定による立入りによって損失を受けた者があるときは、そ

の損失を受けた者に対して、通常生ずべき損失を補償しなければならない。

（資料の提供要求等）

第７条　法務大臣は、前条第１項の事実の調査のため必要があると認めるときは、関係行政機関の長、関係地方公共団体の長、関係のある公私の団体その他の関係者に対し、資料の提供、説明、事実の調査の援助その他必要な協力を求めることができる。

（承認に関する意見聴取）

第８条　法務大臣は、第５条第１項の承認をするときは、あらかじめ、当該承認に係る土地の管理について、財務大臣及び農林水産大臣の意見を聴くものとする。ただし、承認申請に係る土地が主に農用地（農地法（昭和27年法律第229号）第２条第１項に規定する農地又は採草放牧地をいう。以下同じ。）又は森林（森林法（昭和26年法律第249号）第２条第１項に規定する森林をいう。以下同じ。）として利用されている土地ではないと明らかに認められるときは、この限りでない。

（承認の通知等）

第９条　法務大臣は、第５条第１項の承認をし、又はしないこととしたときは、法務省令で定めるところにより、その旨を承認申請者に通知しなければならない。

（負担金の納付）

第10条　承認申請者は、第５条第１項の承認があったときは、同項の承認に係る土地につき、国有地の種目ごとにその管理に要する10年分の標準的な費用の額を考慮して政令で定めるところにより算定した額の金銭（以下「負担金」という。）を納付しなければならない。

２　法務大臣は、第５条第１項の承認をしたときは、前条の規定による承認の通知の際、法務省令で定めるところにより、併せて負担金の額を通知しなければならない。

３　承認申請者が前項に規定する負担金の額の通知を受けた日から30日以内に、法務省令で定める手続に従い、負担金を納付しないときは、第５条第１項の承認は、その効力を失う。

（国庫帰属の時期）

第11条　承認申請者が負担金を納付したときは、その納付の時において、第5条第1項の承認に係る土地の所有権は、国庫に帰属する。

2　法務大臣は、第5条第1項の承認に係る土地の所有権が前項の規定により国庫に帰属したときは、直ちに、その旨を財務大臣（当該土地が主に農用地又は森林として利用されていると認められるときは、農林水産大臣）に通知しなければならない。

　　　第三章　国庫帰属地の管理

（土地の管理の機関）

第12条　前条第1項の規定により国庫に帰属した土地（以下「国庫帰属地」という。）のうち、主に農用地又は森林として利用されている土地（国有財産法（昭和23年法律第73号）第4条第2項に規定する国有財産の所管換がされたもの又は他の法令の規定により農林水産大臣が管理することとされているものを除く。）は、農林水産大臣が管理し、又は処分する。

2　前項の規定により農林水産大臣が管理する土地のうち主に農用地として利用されているものの管理及び処分については、農地法第45条、第46条第1項、第47条及び第49条の規定を準用する。この場合において、同条第1項中「農林水産大臣、都道府県知事又は指定市町村の長」とあるのは「農林水産大臣」と、「この法律による買収その他の処分」とあるのは「相続等により取得した土地所有権の国庫への帰属に関する法律第12条第2項において準用する第46条第1項の規定による売払い又は同法第12条第2項において準用する第47条の規定による売払い、所管換若しくは所属替」と、同条第3項中「農林水産大臣、都道府県知事又は指定市町村の長」とあるのは「農林水産大臣」と、同条第5項中「国又は都道府県等」とあるのは「国」と、「場合には、政令で定めるところにより」とあるのは「場合には」と読み替えるものとする。

3　前項において準用する農地法第46条第1項又は第47条の規定による農用地の売払いを原因とする所有権の移転については、同法第3条第1項本文の規定は、適用しない。

4　第1項の規定により農林水産大臣が管理する土地のうち主に森林として利用されているものの管理及び処分については、国有林野の管理経営に関する法律（昭和26年法律第246号）第二章（第7条を除く。）の規定を準用する。

　　　第四章　雑則

　　（承認の取消し等）

第13条　法務大臣は、承認申請者が偽りその他不正の手段により第５条第１項の承認を受けたことが判明したときは、同項の承認を取り消すことができる。

2　法務大臣は、国庫帰属地について前項の規定による承認の取消しをするときは、あらかじめ、当該国庫帰属地を所管する各省各庁の長（当該土地が交換、売払い又は譲与（以下この項及び次項において「交換等」という。）により国有財産（国有財産法第２条第１項に規定する国有財産をいう。次項において同じ。）でなくなっているときは、当該交換等の処分をした各省各庁の長）の意見を聴くものとする。

3　法務大臣は、第１項の規定による承認の取消しをしようとする場合において、当該取消しに係る国庫帰属地（交換等により国有財産でなくなっている土地を含む。以下この項において同じ。）の所有権を取得した者又は当該国庫帰属地につき所有権以外の権利の設定を受けた者があるときは、これらの者の同意を得なければならない。

4　法務大臣は、第１項の規定により第５条第１項の承認を取り消したときは、法務省令で定めるところにより、その旨を同項の承認を受けた者に通知するものとする。

　　（損害賠償責任）

第14条　第５条第１項の承認に係る土地について当該承認の時において第２条第３項各号又は第５条第１項各号のいずれかに該当する事由があったことによって国に損害が生じた場合において、当該承認を受けた者が当該事由を知りながら告げずに同項の承認を受けた者であるときは、その者は、国に対してその損害を賠償する責任を負うものとする。

　　（権限の委任）

第15条　この法律に規定する法務大臣の権限は、法務省令で定めるところにより、その一部を法務局又は地方法務局の長に委任することができる。

2　この法律に規定する農林水産大臣の権限は、農林水産省令で定めるところにより、その全部又は一部を地方農政局長又は森林管理局長に委任することができる。

3　前項の規定により森林管理局長に委任された権限は、農林水産省令で定めるところにより、森林管理署長に委任することができる。

（政令への委任）

第16条　この法律に定めるもののほか、この法律の実施のために必要な手続その他の事項については、政令で定める。

第五章　罰則

第17条　第12条第2項において読み替えて準用する農地法第49条第1項の規定による職員の調査、測量、除去又は移転を拒み、妨げ、又は忌避したときは、その違反行為をした者は、6月以下の懲役又は30万円以下の罰金に処する。

2　法人の代表者又は法人若しくは人の代理人、使用人その他の従業者が、その法人又は人の業務又は財産に関して前項の違反行為をしたときは、行為者を罰するほか、その法人又は人に対して同項の罰金刑を科する。

附　則

（施行期日）

1　この法律は、公布の日から起算して2年を超えない範囲内において政令で定める日から施行する。

（検討）

2　政府は、この法律の施行後5年を経過した場合において、この法律の施行の状況について検討を加え、必要があると認めるときは、その結果に基づいて必要な措置を講ずるものとする。

理　由

社会経済情勢の変化に伴い所有者不明土地が増加していることに鑑み、相続等による所有者不明土地の発生の抑制を図るため、相続等により土地の所有権を取得した者が、法務大臣の承認を受けてその土地の所有権を国庫に帰属させることができる制度を創設する必要がある。これが、この法律案を提出する理由である。

所有者不明土地の解消に向けた民事基本法制の見直し
【民法等一部改正法・相続土地国庫帰属法の概要】

法務省民事局
令和3年5月

課題

相続登記がされないこと等により、所有者不明土地（※）が発生

※　所有者不明土地とは・・・

①不動産登記簿により所有者が直ちに判明しない土地

②所有者が判明しても、その所在が不明で連絡が付かない土地

所有者不明土地の割合
（H29国交省調査）　**22** ％

原因

相続登記の未了
66% ／ 住所変更登記の未了 **34%**

背景

○ 相続登記の申請は義務ではなく、申請しなくても不利益を被ることは少ない

○ 都市部への人口移動や人口減少・高齢化の進展等により、地方を中心に、土地の所有意識が希薄化・土地を利用したいというニーズも低下

○ 遺産分割をしないまま相続が繰り返されると、土地共有者がねずみ算式に増加

問題点

広場等としての利用が
困難となっている例
（出典：国交省）

○ 所有者の探索に多大な時間と費用が必要（戸籍・住民票の収集、現地訪問等の負担が大きい）

○ 所有者の所在等が不明な場合には、土地が管理されず放置されることが多い

○ 共有者が多数の場合や一部所在不明の場合、土地の管理・利用のために必要な合意形成が困難

⇒ 公共事業や復旧・復興事業が円滑に進まず、民間取引が阻害されるなど、土地の利活用を阻害

⇒ 土地が管理不全化し、隣接する土地への悪影響が発生　など

▶ 高齢化の進展による死亡者数の増加等により、今後ますます深刻化するおそれ ▶ **所有者不明土地問題の解決は、喫緊の課題**

政府方針

○ 所有者不明土地等対策の推進に関する基本方針（関係閣僚会議決定）
「民事基本法制の見直し等の重要課題については、今後、さらに具体的な検討を進め、今年度（令和2年度）中できるだけ速やかに必要となる法案を提出するなど、期限を区切って着実に対策を推進する。」

○ 骨太の方針2020「所有者不明土地等について、基本方針等に基づき対策を推進する。」

両法律の概要

- **民法等の一部を改正する法律**（民法等一部改正法）
- **相続等により取得した土地所有権の国庫への帰属に関する法律**（相続土地国庫帰属法）

　　所有者不明土地の**発生予防**と、既に発生している所有者不明土地の**利用の円滑化**の両面から、総合的に民事基本法制を見直し

1 登記がされるようにするための不動産登記制度の見直し	**2** 土地を手放すための制度（相続土地国庫帰属制度）の創設	**3** 土地利用に関連する民法の規律の見直し
・ 相続登記・住所変更登記の申請義務化 ・ 相続登記・住所変更登記の手続の簡素化・合理化　など	・ 相続等により土地の所有権を取得した者が、法務大臣の承認を受けてその土地の所有権を国庫に帰属させることができる制度を創設	・ 所有者不明土地管理制度等の創設 ・ 共有者が不明な場合の共有地の利用の円滑化 ・ 長期間経過後の遺産分割の見直し　など
▶ **発生予防**	▶ **発生予防**	▶ **土地利用の円滑化**

施行日等

原則として公布（R3.4.28）後2年以内の政令で定める日　　＊ 政令は未制定

　　＊ のうち、相続登記義務化関係の改正については公布後3年以内の政令で定める日、
　　　住所変更登記義務化関係の改正については公布後5年以内の政令で定める日

【検討の経過】

2019年2月	12月	2020年1月～3月	2021年2月	3月	4月
法制審議会へ諮問	民法・不動産登記法部会における調査審議開始	中間試案取りまとめ	パブリック・コメント提出意見数 249件（個人 143件、団体 106件）	法制審議会要綱決定	法案提出 / 成立・公布

所有者不明土地の発生を予防する方策　　不動産登記法の改正

相続に関する不動産登記情報の更新を図る方策	【背景】 登記名義人と実際の所有者とが異なることがあるが、そうすると、 ① 登記名義人の相続人が分からないため、所有者の探索に時間と費用が掛かり用地買収等が妨げられる ② 登記名義人が死亡しているかどうかだけでも分かれば、事業用地を円滑に選定することができる との指摘がある。

①相続登記の申請を義務化

○ 不動産を取得した相続人に対し、その取得を知った日から3年以内に相続登記の申請をすることを義務付ける（正当な理由のない申請漏れには過料の罰則あり）。

○ 相続登記の申請義務の実効性を確保するよう、以下のような環境整備策をパッケージで導入する。

②登記名義人の死亡等の事実の公示

○ 登記官が他の公的機関（住基ネットなど）から死亡等の情報を取得し、職権で登記に表示する（符号で表示）。

⇒ 登記で登記名義人の死亡の有無の確認が可能になる。

登記の手続的な負担（資料収集等）を軽減	登記手続の費用負担を軽減	登記漏れの防止	地方公共団体との連携
相続人申告登記の新設 ・ 相続人が、登記名義人の法定相続人である旨を申し出る。申請義務の履行手段の一つとする。 （単独で申告可・添付書面も簡略化） ⇒ 相続登記の申請義務を簡易に履行することが可能になる。 ※ 登記官がその者の氏名及び住所等を職権で登記する（持分は登記されない報告的登記）	登録免許税の負担軽減策の導入などを要望予定 （参考） R3年度与党税制改正大綱 「不動産登記法の見直し…の成案を踏まえ、令和4年度税制改正において必要な措置を検討する。」	所有不動産記録証明制度の新設 ・ 特定の者が名義人となっている不動産の一覧を証明書として発行 ⇒ 相続登記が必要な不動産の把握が容易になる。 ※ 自己所有不動産の一般的確認方法としても利用可能	死亡届の提出者に対する相続登記の必要性に関する周知・啓発を要請 など ※ 地方公共団体の作成する相続発生時に必要な手続のチェックリストに相続登記の申請を追加するよう要請

所有者不明土地の発生を予防する方策　[不動産登記法の改正]

住所変更未登記への対応

【現状】

▶ 現在は、住所変更登記は義務ではない。

▶ 自然人・法人を問わず、転居・本店移転等のたびに登記するのには負担を感じ、放置されがちである。

※ 都市部では所有者不明土地の主な原因との調査結果もある。

⇒

○ 所有権の登記名義人に対し、住所等の変更日から2年以内にその変更登記の申請をすることを義務付ける（正当な理由のない申請漏れには過料の罰則あり）。

○ 他の公的機関から取得した情報に基づき、登記官が職権的に変更登記をする新たな方策も導入する。

⇒ 転居や本店移転等に伴う住所等の変更が簡便な手続で登記に反映される。

新たな方策の仕組み

自然人の場合

❶ 登記申請の際には、氏名・住所のほか、生年月日等の「検索用情報」の申出を行う。

❷ 登記官が、検索用情報等を用いて住民基本台帳ネットワークシステムに対して照会し、所有権の登記名義人の氏名・住所等の異動情報を取得する。

❸ 登記官が、取得した情報に基づき、登記名義人に住所等の変更の登記をすることについて確認をとった上で、変更の登記をする。

法人の場合

❶ 法人が所有権の登記名義人となっている不動産について、会社法人等番号を登記事項に追加する。

❷ 法人・商業登記システムから不動産登記システムに対し、名称や住所を変更した法人の情報を通知する。

❸ 取得した情報に基づき、登記官が変更の登記をする。

所有者不明土地の発生を予防する方策　相続土地国庫帰属法

相続等により取得した土地所有権を国庫に帰属させる制度の創設

背景
① 土地利用ニーズの低下等により、土地を相続したものの、土地を手放したいと考える者が増加している。
② 相続を契機として、土地を望まず取得した所有者の負担感が増しており、管理の不全化を招いている。

○ 相続又は遺贈（相続人に対する遺贈に限る。）により取得した土地を手放して、国庫に帰属させることを可能とする制度を創設する。

○ ただし、管理コストの国への転嫁や土地の管理をおろそかにするモラルハザードが発生するおそれを考慮して、一定の要件（詳細は政省令で規定）を設定し、法務大臣が要件を審査する。
　　⇒ 将来的に土地が所有者不明化し、管理不全化することを予防することが可能になる。

要件 通常の管理又は処分をするに当たり過分の費用又は労力を要する以下のような土地に該当しないこと

　ア 建物や通常の管理又は処分を阻害する工作物等がある土地、 イ 土壌汚染や埋設物がある土地、 ウ 崖がある土地
　エ 権利関係に争いがある土地、 オ 担保権等が設定されている土地、 カ 通路など他人によって使用される土地　など

○ 審査手数料のほか、土地の性質に応じた標準的な管理費用を考慮して算出した１０年分の土地管理費相当額の負担金を徴収する（地目、面積、周辺環境等の実情に応じて対応すべく、詳細は政令で規定）。
　（参考）現状の国有地の標準的な管理費用（10年）は、粗放的な管理で足りる原野約20万円、市街地の宅地(200㎡)約80万円

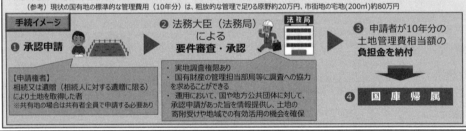

手続イメージ

❶ 承認申請

【申請権者】
相続又は遺贈（相続人に対する遺贈に限る）
により土地を取得した者
※共有地の場合は共有者全員で申請する必要あり

❷ 法務大臣（法務局）による **要件審査・承認**

・実地調査権限あり
・国有財産の管理担当部局等に調査への協力を求めることができる
・運用において、国や地方公共団体に対して、承認申請があった旨を情報提供し、土地の寄附受けや地域での有効活用の機会を確保

❸ 申請者が10年分の土地管理費相当額の **負担金を納付**

❹ **国 庫 帰 属**

所有者不明土地の利用の円滑化を図る方策

民法の改正

土地・建物の管理制度の創設

▶ 現行の不在者財産管理人・相続財産管理人は、人単位で財産全般を管理する必要があり、非効率になりがち

▶ 所有者が判明していても、管理されないことによって危険な状態になることもある

○ 所有者不明土地・建物の管理制度の創設　　財産管理制度の見直し

・ 個々の所有者不明土地・建物の管理に特化した新たな財産管理制度を創設する。
　※ 裁判所が管理命令を発令し、管理人を選任（裁判所の許可があれば売却も可）
⇒ 所有者不明土地・建物の管理を効率化・合理化する。

○ 管理不全土地・建物の管理制度の創設

・ 所有者が土地・建物を管理せずこれを放置していることで他人の権利が侵害されるおそれがある場合に、管理人の選任を可能にする制度を創設する。
⇒ 管理不全化した土地・建物の適切な管理が可能となる。

不明共有者がいる場合への対応

▶ 不明共有者がいる場合には、利用に関する共有者間の意思決定や持分の集約が困難

○ 共有物の利用の円滑化を図る仕組みの整備　　共有制度の見直し

・ 裁判所の関与の下で、不明共有者等に対して公告等をした上で、残りの共有者の同意で、共有物の変更行為や管理行為を可能にする制度を創設する。
・ 裁判所の関与の下で、不明共有者の持分の価額に相当する額の金銭の供託により、不明共有者の共有持分を取得して不動産の共有関係を解消する仕組みを創設する。
⇒ 不明共有者がいても、共有物の利用・処分を円滑に進めることが可能になる。

遺産分割長期未了状態への対応

▶ 長期間放置された後の遺産分割では具体的相続分に関する証拠等が散逸し、共有状態の解消が困難

○ 長期間経過後の遺産分割の見直し　　相続制度の見直し

相続開始から10年を経過したときは、個別案件ごとに異なる具体的相続分による分割の利益を消滅させ、画一的な法定相続分で簡明に遺産分割を行う仕組みを創設する。
⇒ 遺産分割長期未了状態の解消を促進する。

隣地等の利用・管理の円滑化

▶ ライフラインの導管等を隣地等に設置することについての根拠規定がなく、土地の利用を阻害

○ ライフラインの設備設置権等の規律の整備　　相隣関係規定の見直し

ライフラインを自己の土地に引き込むための導管等の設備を他人の土地に設置する権利を明確化し、隣地所有者不明状態にも対応できる仕組みも整備する。
⇒ ライフラインの引込みを円滑化し、土地の利用を促進する。

● 編著者略歴 ●

松嶋　隆弘（まつしま・たかひろ）

　日本大学教授、弁護士（みなと協和法律事務所）

| 執筆担当 | 第1章　総論

　昭和43年9月生。前私法学会理事、前空法学会理事。元公認会計士試験委員。主要著作として、上田純子＝松嶋隆弘編『会社非訟事件の実務』（三協法規出版、平成29年）、松嶋隆弘＝渡邊涼介編『仮想通貨はこう変わる！暗号資産をめぐる法律・税務・会計』、松嶋隆弘編著『法務と税務のプロのための改正相続法徹底ガイド令和元年施行対応版』（ぎょうせい、令和元年）、『実務が変わる！令和改正会社法のまるごと解説』（ぎょうせい、令和2年）、松嶋隆弘＝大久保拓也編『商事法講義(1)〜(3)』（中央経済社、令和2年）等多数。

● 執筆者一覧 ● ※執筆担当順

續　孝史（つづき・たかし）
　弁護士
　執筆担当　第2章　民法の改正　1

林　康弘（はやし・やすひろ）
　弁護士（林康弘法律事務所）
　執筆担当　第2章　民法の改正　2

金澤　大祐（かなざわ・だいすけ）
　日本大学商学部専任講師
　執筆担当　第2章　民法の改正　3

戸髙　広海（とだか・ひろうみ）
　弁護士（霞ヶ関法律事務所）
　執筆担当　第2章　民法の改正　4・5

山川　一陽（やまかわ・かずひろ）
　日本大学名誉教授・弁護士（麻布国際法律事務所）
　執筆担当　第2章　コラム

堀江　泰夫（ほりえ・やすお）
　司法書士（ときわ総合司法書士事務所）
　執筆担当　第3章　不動産登記法の改正

渡邊　涼介（わたなべ・りょうすけ）
　弁護士（光和総合法律事務所）
　執筆担当　第4章　今後の課題

民法・不動産登記法改正で変わる相続実務
～財産の管理・分割・登記～

令和3年8月31日　第1刷発行

編　著　**松 嶋　隆 弘**

発　行　**株式会社ぎょうせい**

〒136-8575　東京都江東区新木場1-18-11
URL：https://gyosei.jp

フリーコール　0120-953-431

ぎょうせい　お問い合わせ　検索　https://gyosei.jp/inquiry/

〈検印省略〉

印刷　ぎょうせいデジタル㈱　　　　　　　©2021　Printed in Japan
※乱丁・落丁本はお取り替えいたします。

ISBN978-4-324-11038-6
(5108739-00-000)
［略号：民登改正相続］